Windows-Befehle für
Server 2008 R2 & Windows 7
kurz & gut

4. AUFLAGE

Windows-Befehle für
Server 2008 R2 & Windows 7
kurz & gut

*Æleen Frisch, Helge Klein
& Olaf Engelke*

O'REILLY®

Beijing · Cambridge · Farnham · Köln · Sebastopol · Tokyo

Kommentare und Fragen können Sie gerne an uns richten:
O'Reilly Verlag
Balthasarstr. 81
50670 Köln
E-Mail: kommentar@oreilly.de

Copyright:
© 2011 by O'Reilly Verlag GmbH & Co. KG
1. Auflage 2005
2. Auflage 2007
3. Auflage 2008
4. Auflage 2011

Bibliografische Information Der Deutschen Nationalbibliothek
Die Deutsche Nationalbibliothek verzeichnet diese Publikation in der Deutschen Nationalbibliografie; detaillierte bibliografische Daten sind im Internet über *http://dnb.d-nb.de* abrufbar.

Lektorat: Alexandra Follenius & Susanne Gerbert, Köln
Korrektorat: Sibylle Feldmann, Düsseldorf & Friederike Daenecke, Zülpich
Satz: III-satz, Husby
Umschlaggestaltung: Ellie Volckhausen, Boston & Michael Oreal, Köln
Produktion: Andrea Miß, Köln
Druck: fgb freiburger graphische betriebe; www.fgb.de

ISBN 978-3-89721-588-7

Inhalt

Windows-Befehle für Server 2008 R2 & Windows 7

Einführung

Für wen das Buch gedacht ist

Diese Referenz beschreibt die Windows-Kommandozeilenbefehle. Sie ist nicht nur für Systemadministratoren gedacht, sondern ist auch für unterschiedlichste Windows-Anwender von Nutzen. Das Büchlein enthält die meisten Befehle der Client- und Server-Versionen von Windows seit Windows Server 2003 sowie die nützlichsten Kommandos von Resource Kit und Support Tools. Zusätzlich wurden einige besonders praktische frei erhältliche Tools mit aufgenommen. Die Herkunft der Befehle (im Betriebssystem enthalten, aus dem Resource Kit etc.) ist in der jeweiligen Überschrift gekennzeichnet.

Was dieses Buch nicht enthält

Aufgrund des kompakten Formats der »kurz & gut«-Reihe wurden selten genutzte oder sehr spezielle Befehle von dieser Referenz ausgenommen. Einige andere Befehle werden nicht behandelt, da entweder ihre Funktion bereits von einem anderen Befehl übernommen wurde oder weil sie schlicht veraltet sind. So sind *ausschließlich* unter Windows NT4 oder 2000 und in den zugehörigen Resource Kits und Support Tools verfügbare Befehle in dieser Ausgabe nicht mehr enthalten. Zudem wurden die Informationen zu Befehlen älterer Betriebssystemversionen als Windows Vista/Server 2008 gekürzt, um so Raum für die neueren Befehle zu schaffen und dem kompakten Format des Buches gerecht zu bleiben.

Ebenfalls nicht enthalten sind Programme mit grafischer Oberfläche, da sich dieses Buch auf Befehle beschränkt, die in der Eingabeaufforderung und in Skripten nutzbar sind. Ausnahmen sind lediglich solche Programme, die sowohl über eine grafische Oberflläche verfügen als auch aus der Eingabeaufforderung heraus gesteuert werden können.

Aufbau

Die Befehle sind in Funktionsgruppen geordnet und innerhalb dieser Gruppen alphabetisch sortiert. Einen bestimmten Befehl finden Sie am einfachsten über den Index. Die Optionen der Kommandos wurden nach ihrer Funktion gegliedert und der Wichtigkeit nach geordnet. Weniger wichtige Optionen werden gelegentlich nicht aufgeführt. Einige Befehle bieten so viele Optionen, dass es aufgrund des kompakten Formats dieses Buchs nicht möglich war, sie vollständig aufzuführen.

Viele der in diesem Buch beschriebenen Befehle lassen sich unter allen auf NT basierenden Windows-Versionen verwenden, auch wenn sie nur mit einem Vorgänger oder Nachfolger des von Ihnen eingesetzten Betriebssystems mitgeliefert werden. Einige Tools benötigen jedoch zwingend ein Serverbetriebssystem oder eine bestimmte Mindestversion des Betriebssystems, da sie API-Funktionen verwenden, die von Microsoft zum Beispiel erst mit Windows Vista eingeführt wurden. Andere Befehle wurden von Microsoft immer weiter verbessert und verändert, so dass z. B. die Syntax des mit Windows 7 mitgelieferten Tools anders ist als jene des gleichnamigen Tools in Windows XP. Auch Service Packs und Windows Updates können Veränderungen innerhalb desselben Betriebssystems mit sich bringen. In solchen Fällen wird hier meist die aktuellste Version beschrieben.

Konventionen

Fett

Kennzeichnet Windows-Befehle und -Optionen.

GROSSBUCHSTABEN & FETT

Kennzeichnet interne Befehle ces Kommandozeileninterpreters cmd.exe. Diese Befehle sind bei Nutzung einer alternativen Shell, wie z. B. der PowerShell, nicht verfügbar.

Kursiv

Kennzeichnet Parameter, die Sie selbst eingeben müssen.

[...]

Kennzeichnet optionale Befehlsteile.

a | *b*

Bedeutet, dass entweder *a* oder *b* eingesetzt werden kann.

{*a* | *b*}

Bedeutet, dass entweder *a* oder *b* eingesetzt werden muss.

HKLM
HKCU

Kennzeichnen die Registrierungsbäume (Hives).

Menüname →Menüname

Der Pfeil (→) in Verbindung mit der halbfetten Schrift beschreibt die Navigation innerhalb eines Menüs.

Folgende Abkürzungen werden zur Kennzeichnung der Herkunft der Befehle verwendet:

AllOS: in allen Betriebssystemen enthalten

W2k3: Windows Server 2003

W2k3AP: Windows Server 2003 Verwaltungstools (Adminpak)

W2k3RK: Resource Kit zu Windows Server 2003

W2k3R2: Windows Server 2003 Release 2 (R2)

W2k3SP2: Windows Server 2003 Service Pack 2

W2k3ST: Windows Server 2003 Support Tools

XP: Windows XP

XPST: Windows XP Support Tools

Vista: Windows Vista

W2k8: Windows Server 2008

7: Windows 7

W2k8R2: Windows Server 2008 R2

WAIK: Windows Automated Installation Kit

WWW: im Internet frei erhältliches Tool

Die Eingabeaufforderung

Start als Administrator ab Vista/Server 2008

Viele der in diesem Büchlein beschriebenen Befehle benötigen Administratorrechte (und ab Windows Vista/Server 2008 zusätzlich die hohe Verbindlichkeitsstufe). Dazu muss die Eingabeaufforderung mit erhöhten Rechten gestartet werden. Dies geht am schnellsten folgendermaßen: Drücken Sie die Windows-Taste, geben Sie *cmd* ein, gefolgt von STRG+UMSCHALT+EINGABE und ALT+F, um die Sicherheitsabfrage zu bestätigen. Sie können auch eine Verknüpfung erzeugen, in deren Eigenschaften Sie auf der Registerkarte *Verknüpfung* über die Schaltfläche *Erweitert* das Kontrollkästchen *Als Administrator ausführen* aktivieren. Eine aus Sicherheitsgründen wenig empfehlenswerte Alternative ist die Deaktivierung der Benutzerkontenkontrolle des Betriebssystems.

Sie können jederzeit kontrollieren, ob ein Befehlszeilenfenster mit erhöhten Rechten ausgeführt wird: In der Regel wird nur bei einem solchen Fenster der Titelzeile »Administrator:« vorangestellt.

Eingabe von Befehlen

- Befehle können sowohl in Groß- als auch in Kleinbuchstaben eingegeben werden.

- Befehlsoptionen können normalerweise in Groß- oder Kleinbuchstaben eingegeben werden. In diesem Fall werden sie in diesem Buch kleingeschrieben. Nur Optionen, die großgeschrieben werden müssen, werden hier in Großbuchstaben abgebildet.

- Befehlsoptionen werden normalerweise durch einen Schrägstrich eingeleitet: **/x**. In vielen Fällen kann der Schrägstrich durch ein Minuszeichen ersetzt werden. Einige Befehle akzeptieren nur das Minuszeichen.

- Die Reihenfolge der Optionen ist nicht einheitlich. Bitte entnehmen Sie diese der Syntax des jeweiligen Befehls.

- Einzelne Parameter werden durch Leerzeichen, Kommata oder Strichpunkte voneinander getrennt.

- Parameter mit Leerzeichen, beispielsweise Verzeichnispfade und Dateinamen, müssen unter Umständen in Anführungszeichen gesetzt werden.

- Regions- und Spracheinstellungen sowie die Sprachversion des Betriebssystems können die Syntax beeinflussen. Im Buch wird die deutschsprachige Version des Betriebssystems mit den Einstellungen für Deutschland verwendet.

- Befehle können in der nachfolgenden Zeile fortgesetzt werden, wenn die vorherige Zeile durch das ^-Zeichen beendet wurde.

- Durch ein vorangestelltes ^-Zeichen wird auch verhindert, dass der Befehlsinterpreter das folgende Zeichen interpretiert. Solche Zeichen werden auch »Escape-Zeichen« genannt.

- Mehrere Befehle können mit dem &-Zeichen verknüpft werden: *Befehl1 & Befehl2*. Die Befehle werden der Reihe nach ausgeführt.

- Die Ausführung eines Befehls kann davon abhängig gemacht werden, ob der vorhergehende Befehl korrekt ausgeführt werden konnte. Dazu werden die Befehle mit **&&** oder || verknüpft:

Befehl1 && Befehl2
   Befehl2 wird nur ausgeführt, wenn *Befehl1* erfolgreich ausgeführt werden konnte.

Befehl1 || Befehl2
   Befehl2 wird nur ausgeführt, wenn *Befehl1* nicht erfolgreich ausgeführt werden konnte.

Umleitung der Ein- und Ausgabe

< Datei
    Liest die Standard-Eingabe aus einer Datei.

> Datei
1> Datei
    Schreibt die Standard-Ausgabe in eine Datei.

>> Datei
1>> Datei
    Hängt die Standard-Ausgabe an eine Datei an.

2> Datei
    Schreibt die Standard-Fehlerausgabe in eine Datei.

2>> Datei
    Hängt die Standard-Fehlerausgabe an eine Datei an.

> Datei 2>&1
    Schreibt die Standard-Ausgabe in eine Datei und leitet die Standard-Fehlerausgabe zur Standard-Ausgabe um. Damit werden die Standard-Ausgabe und die Standard-Fehlerausgabe in dieselbe Datei geschrieben.

Befehl1 | Befehl2
Befehl1 0> Befehl2
    Stellt eine Verknüpfung zwischen der Standard-Ausgabe des ersten Befehls (*Befehl1*) und der Standard-Eingabe des zweiten Befehls (*Befehl2*) her.

Umgebungsvariablen

Dieser Abschnitt erklärt einige wichtige Windows-Umgebungsvariablen. Diese Variablen werden mittels Prozentzeichen referenziert, zum Beispiel %SystemRoot%. Die System- und Benutzervariablen können mit **set** angezeigt und mit **setx** dauerhaft geändert werden.

COMPUTERNAME
    Enthält den Computernamen.

PATH

Mehrere durch Semikolon getrennte Verzeichnisse, die in dieser Reihenfolge nach Befehlen durchsucht werden, die ohne vollständige Pfadangabe eingegeben werden.

PATHEXT

Mehrere durch Semikolon getrennte Dateierweiterungen, die in dieser Reihenfolge an einen Befehl ohne Erweiterung angehängt werden, um die ausführbare Datei für den Befehl zu finden. Diese Erweiterungen müssen den voranstehenden Punkt beinhalten.

PROGRAMFILES

Der Verzeichnisname des Programmordners (ab Vista normalerweise C:\Program Files).

PROGRAMFILES(X86)

Der Verzeichnisname des Programmordners für 32-Bit-Anwendungen in einem 64-Bit-Betriebssystem.

SYSTEMROOT und WINDIR

Der Verzeichnisname des Windows-Systemverzeichnisses (normalerweise C:\WINDOWS).

TEMP und TMP

Der komplette Pfad eines Verzeichnisses, das von Anwendungen zur Ablage temporärer Dateien verwendet wird.

USERNAME

Der Name des angemeldeten Benutzers.

USERPROFILE

Der Pfad zum Profilverzeichnis des angemeldeten Benutzers.

Installation zusätzlicher Administrationstools

Anders als die Datenträger der Vorversionen enthalten die Installationsmedien von Windows 7 und Server 2008 R2 keine Support Tools, weil es diese Tools seit Vista nicht mehr gibt. Die Support

Tools von Windows Server 2003 können jedoch von Microsofts Downloadseiten heruntergeladen und trotz der Warnung des Installationsprogramms auch unter Windows 7/2008 R2 verwendet werden.

Microsoft hat die Praxis aufgegeben, Zusatztools über Resource Kits zugänglich zu machen. Stattdessen werden nützliche Programme direkt veröffentlicht, beispielsweise die Tools der Sysinternals-Suite. Einige solcher Programme wurden in diesem Buch berücksichtigt.

Die Resource Kits älterer Windows-Versionen sind jedoch weiterhin unverändert erhältlich. Nützlich sind insbesondere die Tools des Windows Server 2003 Resource Kit, die Microsoft zum freien Download bereitstellt. Die darin enthaltenen Programme funktionieren trotz der Warnung des Installationsprogramms auch unter Windows 7/2008 R2. Gerade bei systemnahen Programmen ist allerdings nicht auszuschließen, dass diese in neueren Versionen des Betriebssystems nicht korrekt funktionieren oder selbiges sogar beschädigen können. Daher sollten Sie sich vor dem geplanten Einsatz solcher Werkzeuge auf produktiven Systemen über eventuelle Risiken genauestens informieren.

Mit Server 2008 hat Microsoft die Serververwaltungstools (ehemals enthalten in der Datei *adminpak.msi*) umbenannt in Remoteserver-Verwaltungstools (Remote Server Administration Tools, RSAT). Die RSAT dienen zur Verwaltung von Servern ab Version 2003. Unter Server 2008 R2 sind sie als Feature im Server Manager installierbar, unter Windows 7 über *Windows-Funktionen aktivieren oder deaktivieren*, allerdings müssen die RSAT unter Windows 7 zunächst von Microsoft heruntergeladen und installiert werden.

Für die Unterstützung der automatisierten Installation von aktuellen Windows-Versionen in Unternehmen stellt Microsoft das Windows Automated Installation Kit (WAIK) zum Herunterladen bereit. Es enthält auch einige nützliche Werkzeuge für die Verwendung in der Eingabeaufforderung.

Hilfebefehle und -dateien

help *Befehl*
Zeigt die Hilfe für Windows-Standardbefehle an.

Befehl /?
Zeigt bei den meisten Tools einen Hilfetext an.

net help *Befehl*
Zeigt die Hilfe für einen der **net**-Befehle an.

net helpmsg *nnnn*
Zeigt den Fehlertext zum Windows-Fehler mit der Nummer *nnnn* an.

helpctr
Öffnet das Hilfe- und Supportcenter von Windows XP und Server 2003. Suchen Sie nach dem Stichwort »Befehlszeilenreferenz«, und klicken Sie dann auf »Befehlszeilenreferenz A bis Z«, um Erläuterungen zu den im Betriebssystem enthaltenen Befehlen zu erhalten.

In das Hilfe- und Supportcenter in Windows 7 und Windows Server 2008 R2 ist eine Befehlszeilenreferenz lediglich als Verweis auf englischsprachige Onlinequellen integriert.

Resource Kit, Support Tools, Windows Automated Installation Kit
Die Resource Kits und Support Tools enthalten weitere, zum Teil sehr umfangreiche Hilfedateien, die Sie am einfachsten über das Startmenü öffnen. Leider können diese Hilfedateien unter Windows 7/2008 R2 nicht direkt geöffnet werden, da die Hilfe-Anwendung helpctr dort fehlt. Sofern erforderlich, kann die Datei *WinHlp32.exe* bei Microsoft in einer dem jeweiligen Betriebssystem angepassten Version heruntergeladen werden. Teilweise sind die Hilfedateien der Zusatzwerkzeuge nur in englischer Sprache verfügbar.

Allgemeine Befehle

clip

Befehl | `clip`
`clip` < *Datei*

Überträgt die Ausgabe eines Befehls oder den Inhalt einer Datei in die Windows-Zwischenablage.

cmd

cmd [*Optionen*] [[**/c** | **/k**] [**/s**] *Befehl*]

Startet einen neuen Kommandozeileninterpreter. Wenn *Befehl* angegeben wurde, wird er ausgeführt. Verwenden Sie die durch **cmd /?** aufzurufende Dokumentation, um weitere Features kennenzulernen (z. B. die Vervollständigung von Pfaden und Befehlen oder die verzögerte Expansion von Variablen). Über die Eigenschaften eines Kommandozeilenfensters (**Klick in die linke obere Ecke→Eigenschaften**) können Sie dessen Aussehen und Verhalten in weiten Bereichen beeinflussen. Insbesondere die Vergrößerung des Fensterpuffers, der ein Scrollen in den nicht mehr am Bildschirm sichtbaren Zeilen ermöglicht, ist sinnvoll.

Der Befehl **exit** beendet den Kommandozeileninterpreter.

Optionen

[**/c** | **/k**] [**/s**]
Der Interpreter führt den angegebenen Befehl aus und bleibt nach Beendigung des Befehls aktiv (**/k**) oder beendet sich (**/c**). Die Option **/s** veranlasst den Befehlsinterpreter, den Befehl umschließende Anführungszeichen vor Ausführung des Befehls zu entfernen (normalerweise werden diese beibehalten). Dies gilt jeweils in Verbindung mit **/c** oder **/k**.

/q
Schaltet die Befehlsausgabe ab (siehe echo **off**).

/e:{on | **off}**
Aktiviert oder deaktiviert die Erweiterungen des Befehlsinterpreters. Der Standardwert wird durch den Registrierungswert HKCU\ oder HKLM\Software\Microsoft\Command Processor\Enable Extensions bestimmt. Im Auslieferungszustand sind die Erweiterungen aktiviert.

/a | /u

Die Ausgabe von internen Befehlen erfolgt im ANSI-(Standard-) bzw. Unicode-Format.

/d

Deaktiviert die Autorun-Einträge in der Registrierung unter HKLM\ oder HKCU\Software\Microsoft\Command Processor\Autorun.

/f:{on | off}

Aktiviert oder deaktiviert die Ergänzung von Datei- und Verzeichnisnamen mittels Tabulator-Taste.

Weitere Parameter entnehmen Sie dem Aufruf von cmd /? in einem offenen Befehlszeilenfenster.

command

command [[Laufwerk:]Pfad][Gerät][e:nnnnn] [[**/p** | **/c** Befehl] [**/MSG**]

Startet eine neue Instanz der MS-DOS-Eingabeaufforderung. Da es sich hierbei um eine 16-Bit-Instanz handelt, ist diese Möglichkeit nicht Bestandteil der 64-Bit-Versionen von Vista, Windows 7 und Windows Server 2008. Der 16-Bit-Befehlsinterpreter ist nur aus Gründen der Kompatibilität zu sehr alten MS-DOS-Anwendungen noch enthalten.

Hinweis: Um das Tastaturlayout in einer solchen MS-DOS-Eingabeaufforderung unter Windows Vista und Windows 7 auf Deutsch umzustellen, verwenden Sie den Befehl kb16 gr, den Sie bei Bedarf in einer Batchdatei vor dem Aufruf des eigentlichen Programms einfügen.

COLOR

color Farbcode1 Farbcode2

Stellt die Hintergrundfarbe und die Schriftfarbe in der aktuell geöffneten Konsole um. Die Farbattribute sind als hexadezimale Werte anzugeben, die durch die Hilfe angezeigt werden. So stellt color 1f den Hintergrund auf Blau und die Schrift auf Weiß ein. Ohne Angabe von Farbcodes wird die Standardanzeige wiederhergestellt.

date

date [tt.mm.[jj]jj] [**/t**]

Stellt das angegebene Datum ein oder fragt danach, wenn es nicht angegeben wurde. Mit der Option **/t** wird das Datum angezeigt, ohne es zu ändern.

doskey AllOS

doskey [*Optionen*]

Erlaubt den Zugriff auf bereits eingegebene Befehle oder erlaubt die Erstellung von Makros (Alias-Definitionen).

Befehlshistorie und Editieroptionen

/history
> Zeigt die vollständige Befehlshistorie an.

/listsize=*n*
> Stellt die Größe der Befehlshistorie auf *n Einträge* ein.

Da die Funktionstasten von **doskey** standardmäßig verfügbar sind, können Sie sich mit F7 jederzeit die Befehlshistorie anzeigen lassen und mit den Pfeil-Tasten einen Befehl auswählen. Mit ALT+F7 können Sie diese Historie löschen, und mit F9 wählen Sie eine bestimmte Befehlsnummer aus, um diesen Befehl zu starten.

/insert | **/overstrike**
> Stellt den Bearbeitungsmodus für aus der Historie abgerufene Befehle auf Einfügen bzw. auf Überschreiben. Die Standardeinstellung ist Einfügen.

Makro-Optionen

Makroname=*Befehl*
> Definiert ein Makro. Innerhalb des *Befehl*s können die folgenden Variablen verwendet werden: **$T** fügt ein Trennzeichen ein, **$1** bis **$9** erlauben den Zugriff auf einzelne Parameter, und **$*** fügt alle eingegebenen Parameter ein.

/macros:all
> Zeigt alle vorhandenen Makros an.

/macrofile=*Datei*
> Aktiviert alle in der angegebenen Datei enthaltenen Makros.

/exename=*Exe-Datei*
> Erlaubt die Zuordnung einer ausführbaren Datei zu dem Makro, das soeben definiert wird.

/macros:*Exe-Datei*
> Zeigt alle vorhandenen Makros an, die der angegebenen ausführbaren Datei zugeordnet sind.

Die Tastenkombination ALT+F10 löscht alle definierten Makros.

find

`find` [`Optionen`] `"Zeichenfolge"` [`Dateien`]

Sucht in den angegebenen Dateien, in einem über die Tastatur eingegebenen Text oder über eine Pipe in Standard-Input nach *Zeichenfolge* und gibt diejenigen Zeilen aus, die *Zeichenfolge* enthalten.

Eine beliebte Anwendung von **find** ist die Filterung der Ausgabe eines anderen Befehls. Das folgende Beispiel gibt diejenigen Verzeichnisse innerhalb des Benutzerprofils aus, die als Junction auf ein anderes Verzeichnis zeigen:

```
dir /ad %userprofile% | find /i "verbindung"
```

Optionen

/v
Zeigt nur die Zeilen an, in denen die Zeichenfolge nicht vorkommt.

/i
Ignoriert Groß-/Kleinschreibung beim Vergleich.

/c
Zeigt nur die Anzahl der übereinstimmenden Zeilen an.

/n
Zeigt vor jeder Zeile die Zeilennummer an.

/offline
Schließt bei der Suche in Dateien auch Offline-Dateien ein.

---

findstr

`findstr` [`Optionen`] [`/c:Zeichenfolge` | `/g:Datei` | `Zeichenfolgen`]
[`Dateien`]

Sucht in den angegebenen Dateien nach einer oder mehreren Zeichenfolgen oder regulären Ausdrücken und gibt übereinstimmende Zeilen aus. Wenn keine Dateien angegeben wurden, wird Standard-Input durchsucht. Falls Sie mehrere Suchbegriffe verwenden wollen, müssen Sie diese in Anführungszeichen einschließen.

Optionen

/r
Interpretiert die Zeichenfolge als regulären Ausdruck.

/l

Interpretiert die Zeichenfolge buchstabengetreu.

/c:*Zeichenfolge*

Kennzeichnet die angegebene Zeichenfolge als Suchbegriff. Diese Option ist dann besonders hilfreich, wenn der Suchbegriff Leerzeichen enthält.

/g:*Datei*

Liest die Suchausdrücke aus der angegebenen Datei. Ein Schrägstrich anstelle des Dateinamens bedeutet, dass der Dateiname an der Eingabeaufforderung abgefragt wird.

/b | /e

Übereinstimmende Zeilen werden nur dann ausgegeben, wenn die Übereinstimmung am Anfang (**/b**) oder am Ende (**/e**) der Zeile auftritt. Es kann nur eine dieser beiden Optionen verwendet werden.

/i

Vergleicht ohne Berücksichtigung von Groß-/Kleinschreibung.

/v

Zeigt nicht übereinstimmende Zeilen an.

/x

Zeigt nur exakt übereinstimmende Zeilen an.

/n | /o

Zeigt die Zeilennummer (**/n**) oder die Anzahl der Zeichen vom Dateianfang bis zur Übereinstimmung (**/o**) für jede Fundstelle an.

/m

Zeigt nur die Namen der Dateien an, in denen eine Übereinstimmung gefunden wurde.

/s

Sucht in den angegebenen Dateien im aktuellen Verzeichnis und allen Unterverzeichnissen.

/f:*Datei*

Liest die Dateiliste aus der angegebenen Datei. Ein Schrägstrich anstelle des Dateinamens bedeutet, dass der Dateiname bei der Eingabeaufforderung abgefragt wird.

/d:*Verzeichnisliste*

Durchsucht die Dateien in der angegebenen Verzeichnisliste. Die einzelnen Verzeichnisse werden durch ein Komma voneinander getrennt.

/p

Dateien, die nicht druckbare Zeichen enthalten, werden übersprungen.

/offline

Schließt bei der Suche in Dateien auch Offline-Dateien ein.

Bestandteile von regulären Ausdrücken

.

Ein beliebiges Zeichen.

^ $

Der Anfang oder das Ende einer Zeile.

\< \>

Der Anfang oder das Ende eines Worts.

\x

Zeichen x verwenden, auch wenn es ein Metazeichen ist (z. B. bedeutet **\$**, dass das Dollarzeichen verwendet wird).

[Zeichenliste]

Ein beliebiges Zeichen aus der Liste.

[^Zeichenliste]

Ein beliebiges Zeichen, das nicht in der Liste enthalten ist.

[a–z]

Ein beliebiges Zeichen aus dem angegebenen Bereich. Es können mehrere Bereiche und Listen von Zeichen in den Klammern angegeben werden.

*

Keines oder mehrere Zeichen aus der angegebenen Liste. Zum Beispiel bedeutet [0–9]* keine oder mehrere Nummern, und .* bedeutet keines oder mehrere beliebige Zeichen.

---

more AllOS

Befehl **| more** [*Optionen*]
more [*Optionen*] [*Dateien*]

Zeigt die Ausgabe eines Befehls oder die angegebene(n) Datei(en) seitenweise an. Wird häufig verwendet, um überlange Befehlsausgaben bequem lesen zu können.

Optionen

/c

> Löscht den Bildschirm, bevor die erste Seite angezeigt wird.

/s

> Zeigt statt mehrerer aufeinanderfolgender Leerzeilen nur eine an.

/t*n*

> Konvertiert Tabulatoren in *n* Leerzeichen. Standardwert für *n* sind acht Leerzeichen.

+*n*

> Beginnt mit der Anzeige in Zeile *n*.

More verwendet auch alle Optionen, die gegebenenfalls in der Umgebungsvariablen MORE gesetzt sind.

Die Hilfe beschreibt zusätzlich die an der Eingabeaufforderung »-- Fortsetzung --« akzeptierten Befehle zur Steuerung der Anzeige.

---

now   W2k3RK

now *Zeichenfolge*

Gibt die angegebene *Zeichenfolge* mit vorangestelltem Datum und Uhrzeit aus. Dieser Befehl wird gern für die Ausgabe von Meldungen mit Zeitstempel verwendet.

PATH   AllOS

PATH [*Pfad*]

Zeigt den Suchpfad (eine durch Semikolon getrennte Verzeichnisliste) an oder verändert ihn. Die Umgebungsvariable **%path%** kann verwendet werden, um den aktuellen Suchpfad in einen veränderten Suchpfad einzufügen.

Ein mit dem Befehl PATH geänderter Suchpfad wird nicht gespeichert. Die Änderung gilt nur für den aktuellen Prozess. Für dauerhafte Änderungen verwenden Sie den Befehl setx.

---

pathman   W2k3RK

pathman */xy Pfad*

Verändert die Benutzer- oder System-Pfadvariable entsprechend der angegebenen Option. Der Platzhalter *x* kann mit dem Wert **a** verwendet

---

werden, um dem Pfad weitere Komponenten hinzuzufügen, oder mit **r**, um dem Pfad Teile wegzunehmen. Der Platzhalter *y* kann mit **u** angegeben werden, um die Benutzervariable anzusprechen, oder mit **s**, um die Systemvariable anzusprechen.

setx XPST, W2k3ST, Vista, W2k8, 7, W2k8R2

setx *Umgebungsvariable* [*Wert* | */k Registrierungswert*] [**/m**] [**/s** *Computer* [**/u** *Benutzer* **/p** *Passwort*]]

Setzt den Wert einer Umgebungsvariablen nur für den aktuellen Benutzer oder die ganze Maschine (**/m**) auf dem lokalen oder angegebenen *Computer*. Der neue Wert der Variablen kann entweder direkt angegeben oder aus einem *Registrierungswert* gelesen werden.

Setx kann auch Dateien verarbeiten. Verwenden Sie **setx /?** für weitere Informationen.

shutdown XP, W2k3, Vista, W2k8, 7, W2k8R2

shutdown [**/l** | **/s** | **/h** | **/r** | **/a**] [**/f**] [**/m** *Computer*] [**/t** *xxx*] [**/c** "*Meldung*"] /d [p|u:]xx:yy

Ein entfernter *Computer* oder das lokale System wird nach Ablauf der Zeitspanne *xx* (in Sekunden) heruntergefahren (/s), in den Ruhezustand versetzt (/h) bzw. neu gestartet (/r). Mit /a kann ein solcher Vorgang abgebrochen werden. Nur auf dem lokalen System steht die Option /l zum Abmelden des aktuellen Benutzers zur Verfügung.

In der Zeit *xxx* bis zum Start des Vorgangs kann den angemeldeten Benutzern eine *Meldung* angezeigt werden. Mit /d kann ein Grund in der Ereignisanzeige eingetragen werden.

Die Syntax dieses Befehls unterscheidet sich zwischen den Windows-Versionen. Hier ist jene ab Vista dokumentiert.

sort AllOS

sort [*Optionen*] [*Datei*]

Sortiert von der Standard-Eingabe oder aus *Datei* gelesene Textzeilen.

Optionen

/r

  Kehrt die Sortierreihenfolge um (also von Z bis A und dann von 9 bis 0).

/+n

Beginnt in Spalte *n* mit der Sortierung (die ersten Zeichen jeder Zeile werden dann ignoriert).

/rec *n*

Definiert die maximale Anzahl von Zeichen (*n*) pro Datensatz. Der Standardwert ist 4.096, der Maximalwert ist 65.535.

/t *Pfad*

Verwendet das angegebene Verzeichnis anstelle des Temp-Verzeichnisses als Arbeitsverzeichnis des Befehls.

/o *Pfad-der-Ausgabedatei*

Schreibt die sortierten Daten in die angegebene Datei anstatt in die Standard-Ausgabe.

TIME AllOS

`TIME [std[:min[:sec[.hd]]]] [/t]`

Stellt die angegebene Uhrzeit ein oder fragt danach, wenn nichts angegeben wurde. Mit der Option **/t** wird nur die aktuelle Zeit angezeigt.

VER AllOS

VER

Zeigt die Version des Betriebssystems an.

---

where W2k3, Vista, W2k8, 7, W2k8R2

where `[/r Verzeichnis] Dateiname`

Durchsucht das aktuelle Verzeichnis, den Suchpfad (%path%) oder ein *Verzeichnis* samt Unterverzeichnissen nach Dateien des angegebenen Namens. Von jeder Fundstelle wird der volle Pfad ausgegeben. Bei der Angabe des zu suchenden Namens können die Platzhalter * und ? verwendet werden. Standardmäßig hängt **where** nacheinander alle in der Umgebungsvariablen PATHEXT gespeicherten Endungen an *Dateinamen* ohne Endung, sodass bei der Suche nach EXE-Dateien die Endung weggelassen werden kann.

Optionen

/t

Zeigt die Größe und Datum/Uhrzeit aller gefundenen Dateien an.

Dateien und Verzeichnisse

ASSOC AllOS

ASSOC [.*erw*=*Dateityp*]

Assoziiert eine Dateierweiterung mit einem Dateityp. Bei einem Aufruf ohne Parameter werden die aktuellen Zuordnungen angezeigt. Siehe auch **ftype**.

attrib AllOS

attrib [*Optionen*] [*Dateien*]

Zeigt (ohne *Optionen*) oder ändert die Dateiattribute der angegebenen *Dateien* oder der Dateien im aktuellen Verzeichnis.

Optionen

+*x* | -*x*

Setzt oder löscht ein Attribut. *x* kann dabei einen der folgenden Werte annehmen: **r** (Schreibschutz), **h** (versteckt), **s** (System), **a** (Archiv) oder **i** (nicht indiziert).

/s

Der Befehl verarbeitet auch Dateien in allen Unterverzeichnissen.

/d

Es werden auch Verzeichnisse verarbeitet.

/l

Es werden die Attribute von symbolischen Links anstelle jener der Linkziele verändert.

CD AllOS

CD [**/d**] [*Pfad*]

Zeigt oder setzt das aktuelle Arbeitsverzeichnis. Wenn *Pfad* keinen Laufwerksbuchstaben enthält, wird das aktuelle Laufwerk verwendet. Die Option **/d** bewirkt, dass das aktuelle Arbeitsverzeichnis auf das angegebene Laufwerk gesetzt wird, anstatt nur das Arbeitsverzeichnis einzustellen. Zwei Punkte (**..**) werden verwendet, um das darüberliegende Verzeichnis anzusprechen.

CHDIR ist ein Synonym für **CD**.

Ermöglicht die Anzeige oder Änderung der Verschlüsselung von Ordnern oder Dateien auf NTFS-Partitionen (EFS – Encrypted File System).

`cipher [/c]` *Pfad*

Zeigt den Verschlüsselungsstatus von *Pfad* an, bei Angabe von **/c** detailliert.

`cipher {/e | /d}` *Pfad*

Verschlüsselt (**/e**) oder entschlüsselt (**/d**) eine Datei oder ein Verzeichnis. Dateien, die verschlüsselten Verzeichnissen später hinzugefügt werden, werden ebenfalls verschlüsselt.

`cipher {/e | /d} /s:`*Verzeichnis*

Ver- bzw. entschlüsselt alle Unterverzeichnisse von *Verzeichnis*.

`cipher /k`

Erstellt ein neues EFS-Zertifikat samt privatem Schlüssel.

`cipher /r` *Dateiname* `[/smartcard]`

Generiert einen privaten Schlüssel und ein Zertifikat für den EFS-Wiederherstellungsagenten. Das Zertifikat wird in *Dateiname*.cer gespeichert. Falls die Option **/smartcard** nicht angegeben wurde, wird der Schlüssel in *Dateiname*.pfx gespeichert, ansonsten ausschließlich auf einer Smartcard abgelegt.

`cipher /n /u`

Zeigt alle verschlüsselten Dateien auf den lokalen Laufwerken an.

`cipher /u`

Aktualisiert die Schlüssel aller verschlüsselten Dateien mit den aktuellen Schlüsseln sowohl des Benutzers als auch des Wiederherstellungsagenten. Dies ist nach einer Schlüsseländerung notwendig, wenn beispielsweise der Wiederherstellungsagent geändert wurde.

`cipher /w:`*Verzeichnis*

Überschreibt gelöschte Daten des angegebenen Verzeichnisses physisch mit 0x00, um so die Wiederherstellung von Dateien oder Dateifragmenten unmöglich zu machen.

`cipher /x`[`:EFS-Datei`] [`Dateiname`]

Sichert das EFS-Zertifikat und die Schlüssel in der angegebenen Datei. Bei einer angegebenen EFS-Datei (verschlüsselte Datei) werden die zur Verschlüsselung verwendeten Zertifikate des angemeldeten Benutzers gesichert, ohne diese Angabe das aktuelle EFS-Zertifikat und die Schlüssel des Benutzers.

`cipher /y`

Zeigt das aktuelle EFS-Zertifikat als Miniaturansicht auf dem Computer an.

Weitere Optionen

/adduser
Fügt einen Benutzer zu den angegebenen verschlüsselten Dateien hinzu.

/b
Abbruch bei Fehler (standardmäßig wird im Fehlerfall fortgefahren).

/h
Der Befehl wird auch auf versteckte Dateien und Systemdateien angewandt.

/rekey
Aktualisiert angegebene verschlüsselte Dateien für die Verwendung des konfigurierten und aktuellen Schlüssels.

/removeuser
Entfernt einen Benutzer aus den angegebenen Dateien.

Weitere Optionen können der Hilfe des Befehls entnommen werden. Die Syntax des Befehls ist in verschiedenen Windows-Versionen unterschiedlich. Hier ist die in Windows 7/Server 2008 R2 gültige Syntax beschrieben.

---

comp

`comp` [`Optionen`] `Dateigruppe1 Dateigruppe2`

Vergleicht zwei Gruppen von Dateien (oder einzelne Dateien). Wenn mehrere Dateien angegeben wurden, werden Dateien mit jeweils gleichem Namen verglichen. Unterschiede werden nur für gleich große Dateien ausgegeben. Verwenden Sie **fc**, um Dateien unterschiedlicher Größe zu vergleichen.

Optionen

/a

> Gibt die Unterschiede in ASCII-Darstellung aus. Standard ist die Ausgabe in Dezimaldarstellung.

/l

> Zeigt die Zeilennummern der unterschiedlichen Zeilen an.

/c

> Vergleicht, ohne auf Groß- und Kleinschreibung zu achten.

/n=*n*

> Vergleicht nur die ersten *n* Zeilen jeder Datei.

---

compact

`compact` [*Optionen*] [*Dateien*]

Verwaltet die NTFS-Dateikompression, (de-)komprimiert Dateien, stellt den Standard für Verzeichnisse ein und zeigt den Komprimierungsgrad der Dateien an. Wenn keine Dateien angegeben wurden, wird das aktuelle Verzeichnis mit den darin enthaltenen Dateien verwendet.

Optionen

/c | **/u**

> Gibt an, ob komprimiert (**/c**) oder dekomprimiert (**/u**) werden soll.

/s[:*Verzeichnis*]

> Der Befehl wirkt sich auch auf alle Unterverzeichnisse und die darin enthaltenen Dateien aus.

/f

> Erzwingt die Komprimierung bereits komprimierter Dateien. Standardmäßig werden diese Dateien übersprungen.

/i

> Setzt den Vorgang fort, auch wenn ein Fehler auftritt.

/q

> Deaktiviert den ausführlichen Anzeigemodus.

/a

> Zeigt auch Dateien an, die die Eigenschaften »Versteckt« (H) oder »System« (S) haben. Diese Dateien werden normalerweise nicht angezeigt, obwohl sich der Befehl auf sie auswirkt.

COPY

COPY *[Optionen] Quelle Ziel*

Kopiert Dateien von *Quelle* nach *Ziel*. Wenn *Ziel* eine einzelne Datei ist, werden alle in *Quelle* genannten Dateien aneinandergehängt. Das Aneinanderhängen von Dateien kann auch explizit eingestellt werden; verwenden Sie dazu die folgende Syntax: *Datei1 + Datei2 + ...*

Optionen

/a | /b

Kennzeichnet entweder ASCII- (**/a**) oder Binärdaten (**/b**) und wird einem Quell-Dateinamen vorangestellt bzw. an den Ziel-Dateinamen angehängt.

/v

Überprüft die kopierten Daten, nachdem sie geschrieben wurden.

/d

Erlaubt die Entschlüsselung mittels EFS verschlüsselter Dateien beim Kopieren auf entfernte Systeme. Wird diese Option nicht angegeben, werden verschlüsselte Dateien nicht auf entfernte Systeme kopiert.

/z

Kopiert Dateien im Netz; eine unterbrochene Operation kann fortgesetzt werden.

/y | /-y

Unterdrückt (**/y**) oder verlangt (**/-y**) eine Bestätigung beim Überschreiben von Dateien.

/l

Kopiert symbolische Verknüpfungen statt deren Ziele.

COPY CON Dateiname übernimmt die Eingabe von der Tastatur in die Datei Dateiname, mit der Funktionstaste F6 wird die Eingabe abgeschlossen und die Datei gespeichert.

DEL

DEL *[Optionen] Dateien*

Löscht Dateien. **ERASE** ist ein Synonym für **DEL**.

Optionen

/s

Der Befehl wirkt sich auch auf die in Unterverzeichnissen enthaltenen Dateien aus.

/q

Unterdrückt alle Bestätigungsaufforderungen.

/p

Verlangt eine Bestätigung für jeden Löschvorgang.

/f

Erzwingt das Löschen schreibgeschützter Dateien.

/a:*Attribute*

Beschränkt die Operation auf Dateien mit den folgenden angegebenen Attributen: **H** (versteckt), **S** (System), **R** (schreibgeschützt), **A** (Archiv), **I** (nicht indiziert), **L** (Reparse Point).

DIR

`DIR` [*Optionen*] [*Pfad*]

Zeigt den Inhalt des aktuellen Verzeichnisses bzw. von *Pfad* an.

Optionen

Optionen können in der Umgebungsvariablen DIRCMD angegeben werden. Um die dort angegebenen Optionen zu deaktivieren, geben Sie sie in der Befehlszeile mit einem führenden Minuszeichen an, z. B. **/-n**.

Tipp: Häufig sollen mit **dir** alle Dateien und Verzeichnisse angezeigt werden (auch versteckte etc.). Dazu kann **dir /a** *Pfad* verwendet werden.

/b

Zeigt nur die Datei- bzw. Verzeichnisnamen an, Größen- und Datumsinformationen sowie Kopf- und Fußzeile werden weggelassen.

/w | **/d**

Zeigt mehrere Datei- bzw. Verzeichnisnamen pro Ausgabezeile an, angeordnet in Zeilen (**/w**) oder Spalten (**/d**).

/q

Gibt den Besitzer der Dateien an.

/r

Zeigt alternative Datenströme (ADS) an.

/n

Ausführliche, UNIX-ähnliche Darstellung. Die Dateinamen stehen auf der rechten Seite. Dies ist die Standardeinstellung.

/l

Zeigt alle Namen in Kleinbuchstaben an.

/x

Zeigt zusätzlich zu den langen Dateinamen auch die Namen im 8.3-Format an.

/s

Zeigt auch den Inhalt aller Unterverzeichnisse an.

/o:*Sortierkriterium*

Legt die Sortierreihenfolge der Verzeichniseinträge fest. Es werden die folgenden Kürzel verwendet: **n** (Namen), **e** (Erweiterungen), **s** (Größe), **d** (Datum und Uhrzeit) und **g** (Verzeichnisse zuerst). Ein Minuszeichen vor dem jeweiligen Kürzel kehrt die normale Sortierreihenfolge um.

/t:*Zeittyp*

Definiert, welche Zeit angezeigt und zur Sortierung verwendet wird: **c** (Erstellung), **a** (letzter Zugriff) oder **w** (letzter Schreibzugriff; der Standardwert).

/a:*Attribute*

Beschränkt die Anzeige auf Dateien mit den folgenden angegebenen Attributen: **D** (Verzeichnis), **H** (versteckt), **S** (System), **R** (schreibgeschützt), **A** (Archiv), **I** (nicht indiziert), **L** (Reparse Point). Um Dateien mit bestimmten Eigenschaften auszuschließen, geben Sie ein Minuszeichen vor dem Kürzel des entsprechenden Attributs an.

/c | /-c

Tausendertrennzeichen in Dateigrößen anzeigen (**/c**, Standardwert) bzw. nicht anzeigen (**/-c**).

/4

Zeigt das Jahr vierstellig an.

/p

Zeigt die Ausgabe seitenweise an.

dirquota

dirquota *Hauptbefehl Unterbefehl(e)* [*Optionen*]

Verwaltet Dateisystem-Quoten (Kontingente). Die gemeinsamen Optionen mehrerer Unterbefehle sind unter »Optionen« aufgeführt. Auf die

Beschreibung der globalen Optionen (**dirquota admin**) wird hier verzichtet. Stattdessen wurden einige Beispiele aufgenommen.

dirquota quota

Verwaltet Quoten, die Verzeichnissen individuell zugewiesen wurden.

list

Zeigt vorhandene Quoten an, die optional u. a. nach folgenden Kriterien gefiltert werden können: **/MinUsed**, **/Path**, **/SourceTemplate**, **/Status**, **/TemplateMatch**, **/Type**.

add /Path:*Verzeichnis* {**/SourceTemplate:***Vorlage* | **/Limit:***Grenze*} [{**/overwrite** | **/ignore**}]

Fügt einem *Verzeichnis* ein Kontingent hinzu, dessen Einstellungen einer *Vorlage* entnommen oder direkt angegeben werden. Zusätzlich können u. a. spezifiziert werden: **/Type**, **/Status**. Falls das Kontingent schon vorhanden ist, kann es überschrieben (**/overwrite**) oder übersprungen (**/ignore**) werden.

modify /Path:*Verzeichnis*

Ändert das Kontingent auf *Verzeichnis*. Unter anderem können folgende Eigenschaften verändert werden: /**Limit**, /**SourceTemplate**, /**Status**, /**Type**.

delete /Path:*Verzeichnis* [**/quiet**]

Löscht das einem *Verzeichnis* zugewiesene Kontingent, bei Angabe von **/quiet** ohne Warnung.

dirquota autoquota

Verwaltet automatisch zugewiesene Quoten, die auf ein übergeordnetes Verzeichnis gesetzt und von dort auf Unterverzeichnisse vererbt werden.

list

Zeigt vorhandene Quoten an, die optional u. a. nach folgenden Kriterien gefiltert werden können: **/Path**, **/Type**, **/SourceTemplate**, **/TemplateMatch**.

add /Path:*Verzeichnis* **/SourceTemplate:***Vorlage*

Fügt einem *Verzeichnis* ein Kontingent hinzu, dessen Einstellungen einer *Vorlage* entnommen werden.

modify /Path:*Verzeichnis* **/SourceTemplate:***Vorlage* [**/Apply:**{**none** | **all** | **matching**}]

Ändert die einem *Verzeichnis* zugewiesene Autoquota-*Vorlage*. Optional kann die neue Vorlage auf alle (**/Apply:all**) oder nur auf jene

Unterverzeichnisse angewendet werden, deren Kontingente mit der ursprünglichen Vorlage übereinstimmen.

delete /Path:*Verzeichnis* [**/quiet**]
Löscht das einem *Verzeichnis* zugewiesene Kontingent, bei Angabe von **/quiet** ohne Warnung.

scan /Path:*Verzeichnis*
Initiiert einen Scanvorgang zur Aktualisierung des belegten Speicherplatzes in Verzeichnissen mit Kontingenten.

freespace /Path:*Verzeichnis*
Zeigt den freien Speicherplatz in *Verzeichnis* unter Berücksichtigung der darauf gesetzten Quoten an.

dirquota template

Verwaltet Kontingentvorlagen.

list
Zeigt vorhandene Vorlagen an, die optional u. a. nach folgenden Kriterien gefiltert werden können: **/Template**, **/Type**.

add /Template:*Vorlage* {**/SourceTemplate:***QuellVorlage* | **/Limit:** *Grenze*}
Erstellt eine neue *Vorlage*, deren Einstellungen einer *QuellVorlage* entnommen oder direkt angegeben werden. Zusätzlich kann u. a. spezifiziert werden: **/Type**.

modify /Template:*Vorlage* [**/New-Template:***NeuerName*]
Ändert eine *Vorlage*. Bei Angabe von **/New-Template** wird sie in *NeuerName* umbenannt. Zusätzlich können u. a. spezifiziert werden: **/Limit**, **/SourceTemplate**, **/Type**.

delete /Template:*Vorlage* [**/quiet**]
Löscht eine *Vorlage*, bei Angabe von **/quiet** ohne Warnung.

export /File:*Datei* [**/Template:***Vorlage*]
Exportiert alle oder nur die angegebene *Vorlage* in eine *Datei*.

import /File:*Datei* [**/Template:***Vorlage*] [{**/overwrite** | **/ignore**}]
Importiert alle oder nur die angegebene *Vorlage* aus einer *Datei*. Falls eine Vorlage schon vorhanden ist, kann sie überschrieben (**/overwrite**) oder übersprungen (**/ignore**) werden.

Optionen

/Limit:*Zahl*{**kb** | **mb** | **gb**}
Gibt die Grenze (das Kontingent) an.

/MinUsed:*Zahl*{% | **kb** | **mb** | **gb**}

Gibt den Minimalbedarf prozentual oder absolut an.

/Path:*Verzeichnis*

Spezifiziert ein Verzeichnis. Durch Anhängen von * werden alle unmittelbaren Unterverzeichnisse eingeschlossen, durch \... alle Unterverzeichnisse rekursiv auf allen Ebenen.

/Remote:*Computer*

Führt den Vorgang auf *Computer* statt auf dem lokalen System aus.

/SourceTemplate:*Vorlage*

Verweist auf eine *Vorlage*. Vorlagen können mit **dirquota template** verwaltet werden.

/Status:{**enabled** | **disabled**}

Quoten haben den Status aktiviert bzw. deaktiviert.

/Template:*Vorlage*

Verweist auf eine *Vorlage*.

/TemplateMatch:{**yes** | **no**}

Sollen Kontingente mit der Quellvorlage übereinstimmen?

/Type:{**hard** | **soft**}

Spezifiziert harte oder weiche Kontingente.

Beispiele

```
dirquota template add /template:"Home 1 GB" /limit:1GB /type:hard
```

Erstellt eine Vorlage des Namens »Home 1 GB« mit einer festen Kontingentgrenze von 1 GByte.

```
dirquota quota add /path:"D:\Data\Users\Home\UserA" /sourcetemp-
late:"Home 1 GB"
```

Weist dem Verzeichnis UserA die vorher erstellte Vorlage zu.

```
dirquota autoquota add /path:"D:\Data\Users\Home" /sourcetemplate:
"Home 1 GB"
```

Besser für Home-Verzeichnisse geeignete Variante des vorigen Beispiels: Auf den Stamm der Home-Verzeichnisse wird ein sich automatisch auf die Unterverzeichnisse vererbendes Kontingent gesetzt. Auf diese Weise müssen keine Quoten auf individuellen Benutzerverzeichnissen verwaltet werden.

Anmerkung: Um auf diesen Befehl zugreifen zu können, muss unter Server 2003 R2 die Komponente FSRM (Ressourcen-Manager für Dateiserver) installiert sein, unter Server 2008 (R2) der gleichnamige Rollen-dienst. Unter Windows Vista und 7 ist die Windows-Funktion »Tools für den Ressourcen-Manager für Dateiserver« zu aktivieren (wird mit In-stallation der Remoteserver-Verwaltungstools – RSAT – verfügbar).

diruse

`diruse` [**/***] [*Verzeichnisse*]

Zeigt den belegten Platz jedes angegebenen Verzeichnisses an.

expand

Dekomprimiert Dateien aus CAB-Archiven.

`expand` **-d** *CAB-Datei*

Zeigt den Inhalt der CAB-Datei an.

`expand` *CAB-Datei* **-f:***Dateien Ziel*

Dekomprimiert die angegebenen Dateien (Wildcards sind zulässig) aus der CAB-Datei nach *Ziel*.

fc

`fc` [*Optionen*] *Dateigruppe1 Dateigruppe2*

Vergleicht Dateien oder Dateigruppen und zeigt die Unterschiede an. Wenn mehrere Quelldateien angegeben wurden, werden sie mit gleich-namigen Dateien der zweiten Dateigruppe verglichen.

Optionen

/b | /l | /u

Vergleicht die Dateien als Binärdateien (**/b**), als ASCII-Textdateien (**/l**) oder als Unicode-Textdateien (**/u**). Die Option **/b** kann mit kei-ner anderen Option kombiniert werden.

/c

Vergleicht, ohne auf Groß- und Kleinschreibung zu achten.

/w

Fasst mehrere aufeinanderfolgende Tabulator- oder Leerzeichen vor dem Vergleich zusammen.

/t

Wandelt Tabulator- nicht in Leerzeichen um.

/lb*n*

Stellt die Maximalzahl aufeinanderfolgender ungleicher Zeilen ein.

/*n*

Stellt die Anzahl aufeinanderfolgender Zeilen ein, die nach einer Abweichung übereinstimmen müssen, bevor die Dateien wieder als synchron angesehen werden. Der Standardwert ist 2.

/a

Beschränkt die Anzeige auf die erste und letzte Zeile jeder Abweichung.

/n

Zeigt bei Textdateien Zeilennummern an.

filever   W2k3ST

`filever` [*Optionen*] *Datei(en)*

Zeigt die Version der angegebenen Datei(en) an.

FTYPE   AllOS

`FTYPE` [*Dateityp=Öffnen-Befehl*]

Bearbeitet die Zuordnungen von Dateitypen zu Öffnen-Befehlen. Ohne Angabe von Parametern werden die aktuellen Zuordnungen angezeigt. Bei Angabe eines Dateityps wird dessen Öffnen-Befehl auf *Öffnen-Befehl* gesetzt. Siehe auch **ASSOC**.

makecab   XP, W2k3, Vista, W2k8, 7, W2k8R2

`makecab` [/v[n]] [/d var=Wert ...] [/l dir] Quelle [Ziel]
`makecab` [/v[n]] [/d var=Wert ...] /f Anweisungsdatei [...]

Erzeugt aus der als Quelle angegebenen Datei eine komprimierte Datei. Wird kein Zieldateiname angegeben, wird der letzte Buchstabe der Dateinamenserweiterung durch einen Unterstrich ersetzt.

Optionen

/d

legt den Wert einer Variablen var fest.

/f

> gibt eine Anweisungsdatei an, die wiederholt werden kann. Die An-
> weisungen sind im Microsoft Cabinet SDK erläutert.

/l

> gibt einen abweichenden Verzeichnispfad an. Standardmäßig wird
> das Verzeichnis der Quelldatei verwendet.

/v

> definiert die Ausführlichkeit der angezeigten Meldungen.

Der Befehl expand kann zum Entpacken von mit makecab komprimier-
ten Dateien genutzt werden. diantz ist ein Synonym für makecab.

MD AlloS

MD *Pfad*

Legt das angegebene Verzeichnis und bei aktivierten Befehlserweiterun-
gen alle fehlenden, dazwischenliegenden Unterverzeichnisse an. **MKDIR**
ist ein Synonym für **MD**.

MOVE AlloS

MOVE [**/y** | **/-y**] *Dateien Ziel*

Verschiebt Dateien in ein anderes Verzeichnis. Die Option **/y** unterdrückt Bestätigungsaufforderungen zum Überschreiben bestehender Zieldateien, /-y hebt diese Option auf, falls sie in der Umgebungsvariable
COPYCMD voreingestellt ist.

movefile WWW

movefile *Gesperrte-Datei Ersatz-Datei*

Dieses Sysinternals-Tool weist das Betriebssytem an, eine gesperrte Datei
beim nächsten Start zu ersetzen.

movefile *Gesperrte-Datei* ""

Löscht eine gesperrte Datei beim nächsten Start.

Anmerkungen: movefile und viele weitere mächtige Befehle können bei
Microsoft frei heruntergeladen werden: *http://technet.microsoft.com/de-de/
sysinternals*. Siehe auch **pendmoves**.

ntbackup XP, W2k3

```
ntbackup backup [systemstate] ["@Datei.bks"] /j Auftragsname
    [Optionen]
```

Erstellt ein Backup mit dem Jobnamen *Auftragsname*. Die Auswahl der zu sichernden Verzeichnisse kann über eine .bks-Datei erfolgen, die im grafischen Modus von **ntbackup** erstellt worden sein muss.

Wenn **systemstate** angegeben wurde, werden auch die Systemdatenbanken mitgesichert (u.a. die Registrierung und die Active Directory-Datenbank).

Wiederherstellungsoperationen können nur im grafischen Modus von **ntbackup** ausgeführt werden. Informationen über Rücksicherungen von Systemdatenbanken finden Sie unter **ntdsutil** bzw. dsdbutil.

Anmerkung: Ab Windows Vista übernimmt **wbadmin** die Funktion von **ntbackup**. Zum Wiederherstellen von mit **ntbackup** erstellten Sicherungen unter Vista/7/2008 ist das Tool »Windows NT Backup – Restore Utility« bei Microsoft frei erhältlich.

pendmoves WWW

pendmoves

Dieses Sysinternals-Tool zeigt an, welche Dateien beim nächsten Betriebssystemstart ersetzt oder gelöscht werden. Siehe auch movefile.

Anmerkung: pendmoves und viele weitere mächtige Befehle können bei Microsoft frei heruntergeladen werden: *http://technet.microsoft.com/de-de/sysinternals*.

RD AllOS

```
RD [Optionen] Pfad
```

Löscht ein leeres Verzeichnis oder ganze Verzeichnisbäume. **RMDIR** ist ein Synonym für **RD**.

Optionen

/s

Löscht das Verzeichnis samt aller Unterverzeichnisse und Dateien.

/q

Unterdrückt die Aufforderung zur Bestätigung bei Verwendung von /s.

---

38 | Windows-Befehle für Server 2008 R2 & Windows 7

recover

recover *Dateiname*

Liest eine Datei Sektor für Sektor ein und stellt die lesbaren Sektoren wieder her. Dieser Befehl kann verwendet werden, um noch lesbare Teile von Dateien eines defekten Datenträgers zu retten.

REN

REN *Alter-Name Neuer-Name*

Benennt die angegebene(n) Datei(en) um. **RENAME** ist ein Synonym für **REN**.

replace

replace *Quelldateien Ziel* [*Optionen*]

Ersetzt bzw. aktualisiert Dateien im Zielverzeichnis.

Optionen

/a

Fügt neue Dateien im Zielverzeichnis hinzu (kann nicht mit **/u** oder **/s** verwendet werden).

/u

Aktualisiert nur die Zieldateien, die älter als die entsprechenden Quelldateien sind.

/s

Führt den Befehl auch in allen Unterverzeichnissen aus.

/r

Ersetzt auch schreibgeschützte Dateien.

/p

Erzwingt eine Bestätigung für jedes Ersetzen oder Hinzufügen einer Datei.

robocopy

robocopy *Quelle Ziel* [*Dateien*] [*Optionen*]

Äußerst leistungsfähiges und zuverlässiges Tool zum Kopieren und Synchronisieren. *Quelle* und *Ziel* sind Verzeichnisse, die auch als UNC-Pfade angegeben werden können. Die zu kopierenden *Dateien* können mit Wildcards eingeschränkt werden (Standard: *.*). Hier werden nur die wichtigsten Optionen beschrieben, eine genaue Dokumentation findet sich in der Datei **robocopy.doc** (leider nur im Resource Kit von Server 2003 enthalten).

Optionen

/s | /e

Kopiert alle Unterverzeichnisse (**/e**) bzw. alle nicht leeren Unterverzeichnisse (**/s**).

/b

Verwendet den Backup-Modus (wie ein Backup-Programm): Sofern der angemeldete Benutzer auf dem Quellserver über das Privileg Se-BackupPrivilege (Sichern von Dateien und Verzeichnissen) verfügt, kann er auf alle Dateien zugreifen, unabhängig von den gesetzten Berechtigungen.

/CopyAll

Kopiert zusätzlich zu Daten, Attributen und Zeitstempeln auch die Sicherheitsbeschreibungen (Berechtigungen, Besitzer, Überwachungseinstellungen) der Dateien.

/mir

Spiegelt den Verzeichnisbaum. In *Quelle* nicht mehr vorhandene Dateien werden in *Ziel* gelöscht!

/sec

Kopiert die Sicherheitsinformationen der Dateien. Sinnvoll insbesondere bei der Spiegelung mit /mir.

/move

Verschiebt, anstatt zu kopieren.

/xf *Namen* | **/xd** *Namen*

Schließt die angegebene(n) Datei(en) (**/xf**) bzw. Verzeichnis(se) (**/xd**) vom Kopiervorgang aus.

/maxage:n

Schließt Dateien vom Kopiervorgang aus, die älter als n Tage oder Datum n sind.

/r:n

Anzahl der Wiederholungen (Versuche, eine Datei zu kopieren, die z. B. gerade gesperrt ist). Der Standardwert beträgt eine Million! Im Normalfall ist der Wert 0 für *n* am sinnvollsten.

/log[+]:*Datei*
> Protokolliert alle Vorgänge in der angegebenen Datei. Bei Verwendung des Pluszeichens werden neue Informationen an die Datei angehängt, anstatt sie zu überschreiben.

/tee
> Sinnvoll in Kombination mit **/log**. Gibt alle Ausgaben auch auf der Standard-Ausgabe aus.

Anmerkung: **robocopy** wurde stetig weiterentwickelt. Die ab Windows Vista enthaltene Version bietet die meisten Optionen, ist aber nicht unter Windows XP und WS2k3 lauffähig. Leider ist dort die ausführliche Dokumentation **robocopy.doc** nicht enthalten.

---

sfc AllOS

sfc [*Optionen*]

Überprüft geschützte Systemdateien und ersetzt ggf. falsche Versionen durch die jeweiligen Microsoft-Originalversionen.

Optionen

/scannow
> Überprüft und repariert ggf. alle Systemdateien.

/verifyonly
> Überprüft, ohne zu reparieren.

/scanfile=*Datei*
> Überprüft und repariert ggf. die angegebene Systemdatei.

/verifyfile=*Datei*
> Überprüft die angegebene Datei, ohne zu reparieren.

/offbootdir=*Pfad*
> Bei Offline-Reparatur: Pfad zur zu reparierenden Boot-Partition.

/offwindir=*Pfad*
> Bei Offline-Reparatur: Pfad zum zu reparierenden Windows-Verzeichnis.

Beispiel

sfc /scannow /offbootdir=c:\ /offwindir=c:\windows

> Repariert die angegebene Windows-Installation im Offline-Modus. Das kann sehr nützlich sein, wenn Windows nicht mehr startet:

Dann bootet man von der Windows-DVD in die Wiederherstellungskonsole und führt obigen Befehl aus.

Anmerkung: Die Syntax von **sfc** ist ab Vista anders als bei früheren Versionen. Hier ist die Windows 7-Version beschrieben.

streams

WWW

`streams` [`-s`] [`-d`] `Pfad`

Dieses Sysinternals-Tool zeigt Alternate Data Streams (ADS) der in *Pfad* angegebenen Dateien/Verzeichnisse an. Optional können alle Unterverzeichnisse nach ADS durchsucht werden (**-s**). Mittels **-d** werden alle gefundenen ADS gelöscht.

Anmerkung: streams und viele weitere mächtige Befehle können bei Microsoft frei heruntergeladen werden: *http://technet.microsoft.com/de-de/sysinternals*.

tree

AllOS

`tree` `Verzeichnis` [`Optionen`]

Zeigt eine Baumansicht der Unterverzeichnisse des angegebenen oder aktuellen Verzeichnisses.

Optionen

/a

Erzwingt die Verwendung von ASCII-Zeichen anstelle von erweiterten Grafikzeichen.

/f

Zeigt auch Dateinamen an.

TYPE

AllOS

`TYPE` `Datei`

Zeigt den Inhalt von *Datei* an, wobei es sich um eine Textdatei handeln sollte.

wbadmin

Vista, W2k8, 7, W2k8R2

Verwaltet Datensicherungen und führt Backups durch. Als Speichermedien werden Festplatten, Freigaben im Netzwerk und optische Medien (z. B. DVDs), jedoch keine Bandlaufwerke unterstützt.

wbadmin get status

Zeigt den Status des aktuellen Auftrags an.

wbadmin get versions [**-backuptarget:***Pfad* [**-machine:***Computer*]]

Listet Sicherungen auf dem lokalen System auf oder am angegebenen (Netzwerk-)*Pfad*. Optional kann auf Sicherungen eines bestimmten *Computers* gefiltert werden.

wbadmin get items -version:*VersionsID* [**-backuptarget:***Pfad*
[**-machine:***Computer*]]

Zeigt die Elemente einer durch ihre *VersionsID* spezifizierten Sicherung an (sonstige Optionen wie bei **get versions**). Verfügbare *VersionsIDs* können mit **get versions** aufgelistet werden. Sie werden in folgendem Format angegeben: *mm/tt/jjjj-hh:mm*.

wbadmin start backup -backuptarget:*Pfad* -include:*Laufwerke*
[**-allcritical**] [**-noverify**] [**-quiet**]

Führt eine Sicherung der angegebenen *Laufwerke* (kommaseparierte Liste) durch und speichert sie in (Netzwerk-)*Pfad*. Bei Angabe von **-allcritical** werden alle Laufwerke gesichert, die Betriebssystemkomponenten enthalten. Optional kann die Überprüfung von auf Wechseldatenträgern gespeicherten Sicherungen übergangen (**-noverify**) und der stille Modus ohne Benutzerinteraktion (**-quiet**) eingeschaltet werden.

wbadmin stop job [**-quiet**]

Bricht die aktuell durchgeführte Sicherung oder Wiederherstellung ab.

wbadmin enable backup [**-addtarget:***DiskID*] [**-removetarget:***DiskID*]
[**-include:***Laufwerke*] [**-schedule:***Zeitplan*] [**-allcritical**]
[**-quiet**]

Konfiguriert den Backup-Zeitplan, nach dem automatisch einmal oder mehrmals täglich bestimmte Laufwerke gesichert werden. Ohne Angabe von Optionen werden die aktuellen Einstellungen ausgegeben. Als Ziele können nur Festplatten dienen. Diese werden über ihre Disk-ID referenziert (verwenden Sie **wbadmin get disks** zur Ermittlung der IDs). **-addtarget** fügt ein Backup-Ziel hinzu, **-removetarget** entfernt eines. Der *Zeitplan* wird als kommaseparierte Liste von Zeiten im Format *hh:mm* angegeben.

Achtung: Per **-addtarget** hinzugefügte Laufwerke werden vor der Verwendung automatisch formatiert!

Für die Erklärung der weiteren Parameter sei auf **wbadmin start backup** verwiesen.

```
wbadmin disable backup [-quiet]
```

Löscht den konfigurierten Backup-Zeitplan.

```
wbadmin start recovery -version:VersionsID -items:Elemente
    -itemtype:Elementtyp [-backuptarget:Pfad]
    [-machine:QuellSystem] [-recoverytarget:Ziel] [-quiet]
```

Stellt *Elemente* aus einer Sicherung wieder her. Sicherungen werden über *VersionsIDs* identifiziert, die mit **wbadmin get versions** ermittelt werden können. Bei den wiederherzustellenden *Elementen* (**wbadmin get items** zeigt den Inhalt einer Sicherung an) kann es sich um Dateien/Ordner, Anwendungen (die Windows Server Backup unterstützen müssen) und ganze Volumes handeln. Als *Elementtyp* wird dazu **file**, **app** oder **volume** angegeben. Optional können unter anderem angegeben werden: der Pfad zur Sicherung (**-backuptarget**), der Computer, von dem die Sicherung stammt (**-machine**), sowie der Zielpfad bzw. das Ziellaufwerk (**-recoverytarget**).

```
wbadmin start systemstatebackup -backuptarget:Laufwerkbuchstabe
    [-quiet]
```

Sichert den System State (u. a. Systemdateien, Registrierung und Active Directory) auf das angegebene Laufwerk.

```
wbadmin start systemstaterecovery -version:VersionsID
    [-backuptarget:Laufwerkbuchstabe] [-machine:QuellSystem]
    [-recoverytarget:Zielpfad] [-quiet]
```

Stellt den System State aus einer Sicherung wieder her. Sicherungen werden über *VersionsIDs* identifiziert, die mit **wbadmin get versions** ermittelt werden können. Optional können unter anderem angegeben werden: das Laufwerk mit den Sicherungen (**-backuptarget**), der Computer, von dem die Sicherung stammt (**-machine**), sowie der Zielpfad (**-recoverytarget**).

```
wbadmin delete systemstatebackup {-keepversions:Anzahl | -version:
    VersionsID | -deleteoldest} [-backuptarget:Laufwerkbuchstabe]
    [-machine:QuellSystem] [-quiet]
```

Löscht Sicherungen des System State. Es kann angegeben werden, wie viele Versionen aufbewahrt werden sollen (**-keepversions**, 0 löscht alle Sicherungen), welche Sicherung gelöscht werden soll (**-version**) oder dass die älteste Sicherung gelöscht wird. Einzelne Sicherungen werden über *VersionsIDs* identifiziert, die mit **wbadmin get versions** ermittelt werden können. Optional können unter anderem angegeben werden: das Laufwerk mit den Sicherungen (**-backuptarget**), der Computer, von dem die Sicherung stammt (**-machine**), sowie der Zielpfad (**-recoverytarget**).

Anmerkung: Unter Server 2008 ist dieser Befehl nur verfügbar, wenn das Feature »Windows Server Backup« installiert ist.

---

xcopy AllOS

xcopy *Quelle Ziel* **[***Optionen***]**

Kopiert Dateien und ganze Verzeichnisbäume. Xcopy ist mächtiger als copy, muss sich jedoch in puncto Flexibilität robocopy geschlagen geben. *Quelle* und *Ziel* sind jeweils Pfade. Falls *Quelle* Wildcards enthält, kopiert xcopy alle darauf passenden Dateien oder Verzeichnisse. Wenn das Ziel ein (möglicherweise noch nicht vorhandenes) Verzeichnis ist, sollte ein Backslash an den Zielordner angehängt oder die Option **/i** verwendet werden. Im Folgenden die wichtigsten Optionen:

Optionen

/c

Setzt das Kopieren fort, wenn bei einzelnen Dateien Fehler auftreten. Ohne diese Option wird abgebrochen, wenn eine der zu kopierenden Dateien nicht gelesen werden kann.

/d

Kopiert nur Dateien, die in der Quelle neuer als im Ziel sind.

/d:MM-TT-JJJJ

Kopiert nur Dateien, die nach dem angegebenen Datum geändert wurden.

/e

Kopiert auch alle Unterverzeichnisse samt Inhalt.

/exclude:*Datei1*[+*Datei2*][+*Datei3*]...

Der Inhalt jeder Zeile von *Datei* wird als Filter verwendet. Sollen also beispielsweise alle temporären Dateien vom Kopieren ausgeschlossen werden, reicht es, eine Datei mit Inhalt »temp« anzugeben, um alle Dateien mit »temp« im Pfadnamen zu übergehen.

/g

Muss angegeben werden, wenn EFS-verschlüsselte Dateien an ein Ziel kopiert werden sollen, das die Verschlüsselung mit dem gleichen Schlüssel nicht unterstützt.

/h /r

Meist in Kombination sinnvoll: Es werden auch versteckte und Systemdateien kopiert (**/h**) und ggf. vorhandene schreibgeschützte Zieldateien überschrieben (**/r**).

/k

Kopiert alle Dateiattribute.

/o

Kopiert auch den Dateibesitzer und die Berechtigungen (DACL).

/x

Kopiert auch die Überwachungseinstellungen (SACL).

/y

Keine Aufforderung zur Bestätigung beim Überschreiben vorhandener Zieldateien.

Dateisysteme, Volumes und Festplatten

convert   AllOS

```
convert x: /fs:ntfs
```

Konvertiert das durch den Laufwerkbuchstaben x angegebene Volume in das NTFS-Dateisystem.

Optionen

/x

Hebt die Bereitstellung des Volumes auf. Alle offenen Handles auf dem Volume werden ungültig. Damit kann die Konvertierung auch erfolgen, wenn Dateien auf dem Volume geöffnet sind. Allerdings kann dieses Vorgehen Datenverlust zur Folge haben. Wird **/x** nicht angegeben, fragt der Befehl ggf. nach, ob das Volume beim nächsten Systemstart konvertiert werden soll.

/v

Gibt ausführliche Meldungen aus.

/NoSecurity

Es werden keine Standardberechtigungen auf das Volume gesetzt.

chkdsk   AllOS

```
chkdsk x:[Optionen]
```

Überprüft das Dateisystem auf Laufwerk x:.

Optionen

/f [**/x**] [**/r** [**/b**]]

Behebt gefundene Fehler. **/x** erzwingt das Aufheben der Bereitstellung des Datenträgers vor der Überprüfung. **/r** sucht fehlerhafte Sektoren und versucht, deren Daten wiederherzustellen. **/b** überprüft als fehlerhaft markierte Cluster erneut.

/l:n

Ändert die Größe der Protokolldatei auf n KByte (nur auf NTFS-Dateisystemen). Fehlt die Größenangabe, wird die aktuelle Größe angezeigt.

/i

Verringert den Zeitaufwand durch Auslassen der Prüfung von Indexeinträgen (nur NTFS).

/c

Verringert den Zeitaufwand durch Auslassen der Prüfung von Zyklen innerhalb der Ordnerstruktur (nur NTFS).

/v

Aktiviert den ausführlichen Anzeigemodus.

chkntfs   AllOS

Verwaltet den Autocheck-Vorgang beim Systemstart, der als fehlerhaft (dirty) markierte Volumes prüft. Die benötigten Administrator-Rechte werden bei Nichtvorhandensein nur durch eine kryptische Meldung bemängelt.

chkntfs x:

Zeigt den Dateisystemtyp und den Status des Dirty-Bits an.

chkntfs /d

Stellt den Standard wieder her: Beim Systemstart werden als dirty markierte Volumes überprüft.

chkntfs /t:$Sekunden$

Zeigt bzw. setzt die Countdown-Zeit, die beim Systemstart vor dem Start einer Überprüfung gewartet wird.

chkntfs /x y: z:

Nimmt die angegebenen, durch Leerzeichen getrennten Volumes von der nächsten Überprüfung aus.

```
chkntfs /c y: z:
```

Plant die Prüfung der angegebenen, durch Leerzeichen getrennten Volumes beim nächsten Systemstart durch Setzen des Dirty-Bits.

defrag

```
defrag x: [Optionen]
```

Defragmentiert das angegebene Laufwerk bzw. Volume.

```
defrag /c [Optionen]
```

Defragmentiert alle Volumes.

```
defrag /e x: y: [Optionen]
```

Defragmentiert alle Volumes außer den angegebenen (x: und y:).

Optionen

/a

Analysiert die Volumes, ohne zu defragmentieren, und zeigt den Grad der Fragmentierung an.

/h

Führt den Vorgang mit normaler statt niedriger Priorität aus.

/m

Defragmentiert alle angegebenen Volumes parallel. Sinnvoll, wenn auf mehreren physischen Festplatten je ein Volume liegt.

/t

Zeigt Informationen zu einem gerade laufenden Defragmentierungsvorgang an. Ermöglicht es per STRG-C auch, den Vorgang zu beenden, auch wenn er von einer anderen Konsole gestartet wurde.

/u

Gibt während der Laufzeit Statusinformationen aus.

/v

Ausführliche Ausgabe.

/x

Konsolidiert den freien Speicherplatz auf dem angegebenen Volume.

Anmerkung: Hier ist die bei Windows7/2008 R2 enthaltene Version dieses Befehls beschrieben.

disk2vhd

```
disk2vhd <[laufwerk: [laufwerk:]...]|[*]> <vhddatei>
```

Dieses Sysinternals-Programm kann aus einer physischen Festplatte mit einem oder mehreren logischen Laufwerken eine virtuelle Festplatte in Form einer VHD-Datei erzeugen. Diese kann unter Windows 7/Server 2008 R2 gemountet werden. Abhängig von der Größe der Originalfestplatte kann auf diese Weise auch direkt eine physische in eine virtuelle Maschine konvertiert und mittels Hyper-V oder Virtual PC gestartet werden. Als Alternative für eine von den physikalischen Eigenschaften der Festplatte unabhängige Abbilderstellung empfiehlt sich imagex, sofern das System vorher mit sysprep behandelt werden kann.

diskpart

Leistungsfähiges Werkzeug zur Verwaltung von (auch virtuellen) Festplatten, Partitionen und Volumes. Die Bedienung ähnelt **diskshadow**. Kann interaktiv bedient oder durch ein Skript gesteuert werden. Kommandos beziehen sich immer auf das Objekt, das aktuell den Fokus hat. Zum Setzen des Fokus kann zunächst mit **list** die Nummer des jeweiligen Objekts ermittelt werden. Anschließend wird es mit **select** ausgewählt. Nachdem ein Objekt den Fokus erhalten hat, können Befehle darauf angewendet werden:

active
> Setzt die gewählte Partition als Bootpartition, von der das Betriebssystem gestartet wird.

add disk=*n*
> Spiegelt das ausgewählte einfache Volume auf dem angegebenen Datenträger mit der Nummer *n*.

assign [letter=*L* | **mount=***Pfad*]
> Weist dem aktiven Volume einen Laufwerkbuchstaben oder Bereitstellungspunkt zu. Ohne weitere Optionen wird der nächste freie Buchstabe zugewiesen.

attach vdisk [readonly]
> Mountet eine selektierte VHD-Datei und bindet sie als virtuelle Festplatte ins System ein, ohne ihr jedoch einen Laufwerksbuchstaben zuzuordnen (dazu muss sie zunächst partitioniert werden).

attributes {volume | disk} {set | clear} {hidden | readonly | nodefault-driveletter | shadowcopy}

Setzt oder löscht Attribute von Volumes und Festplatten. Letztere unterstützen nur den Schreibschutz (**readonly**), während Erstere versteckt (**hidden**) und als Laufwerk für Schattenkopien gekennzeichnet werden können (**shadowcopy**). Ferner kann verhindert werden, dass einem Volume ein Laufwerkbuchstabe zugewiesen wird (**nodefaultdriveletter**).

automount {enable | disable | scrub}

Aktiviert bzw. deaktiviert das automatische Mounten von Basisdatenträgern, die z. B. in SANs oder per USB neu erkannt werden. Die Option **scrub** entfernt Informationen (u.a. den zugeordneten Laufwerkbuchstaben) über frühere Mountvorgänge.

convert {basic | dynamic | gpt | mbr}

Konvertiert zwischen den Typen »dynamisch« und »Basis« sowie zwischen »GPT« und »MBR«.

create partition {primary | extended | logical} [size=*n*] [offset=*n*]

Erzeugt eine primäre oder erweiterte Partition bzw. ein logisches Laufwerk innerhalb einer erweiterten Partition. **size** gibt die Größe in MByte an (Standard: maximale Größe) und **offset** in MByte legt fest, wie viel freier Platz vor der Partition gelassen werden soll (Standard: 0 MByte).

create vdisk file=*Datei* maximum=*n* [type=expandable]

Erstellt eine VHD-Datei der angegebenen Maximalgröße in MByte, die optional nur auf die tatsächlich belegte Größe anwächst (**type=expandable**).

delete {disk | partition | volume}

Löscht das ausgewählte Objekt.

detach vdisk

Unmount der selektierten VHD-Datei.

detail {disk | partition | volume}

Zeigt Detailinformationen an.

exit

Beendet **diskpart**.

extend [size=*n*]

Erweitert das ausgewählte Volume um *n* MByte oder um den gesamten an das Volume anschließenden freien Speicherplatz auf dem Datenträger.

format [**quick**] [**label**=*Name*] [**nowait**]

Formatiert das selektierte Volume (schnell) und vergibt dabei optional eine Laufwerksbezeichnung. Bei Angabe von **nowait** wird der Befehl asynchron im Hintergrund ausgeführt.

help [*Befehl*]

Zeigt die Hilfe zu den aktuell verfügbaren Befehlen oder dem angegebenen Befehl an.

list {**disk** | **partition** | **vdisk** | **volume**}

Listet Festplatten, Partitionen und Volumes auf. Zeigt u. a. die Nummer einer jeden Festplatte an, nützlich bei **select disk**.

rescan

Sucht nach neuen Datenträgern, die dem Computer möglicherweise hinzugefügt wurden.

select {**disk** | **partition** | **volume**}=*n*

Selektiert ein Objekt anhand seiner Nummer, die mit **list** ermittelt werden kann.

select vdisk file=*Datei*

Selektiert eine VHD-Datei.

shrink querymax

Gibt aus, um wie viel MByte das ausgewählte Volume maximal verkleinert werden kann.

shrink [**desired**=*m*] [**minimum**=*n*]

Verkleinert das ausgewählte Volume um den Maximalbetrag bzw. um die mit **desired** angegebenen *m* MByte. Falls **minimum** angegeben wird, schlägt der Befehl fehl, wenn das Volume nicht um mindestens *n* MByte verkleinert werden kann.

Optionen für alle Befehle

noerr

Bei einem Fehler wird nicht abgebrochen, sondern der nächste Skriptbefehl ausgeführt.

Weitere Kommandos können der Windows-Hilfe bzw. der Hilfe des Befehls entnommen werden.

Beispiele

Die folgende Befehlsfolge erzeugt eine 40 GByte große VHD-Datei, mountet sie, partitioniert sie und formatiert sie schließlich als Laufwerk V:

```
diskpart
create vdisk file=c:\windows.vhd maximum=40960
select vdisk file=c:\windows.vhd
attach vdisk
create partition primary
assign letter=V
format quick label=VHD
```

Anmerkung: Hier ist die Diskpart-Version von Windows 7/2008 R2 beschrieben.

Tipp: Die internen Befehle von diskpart lassen sich oft bis auf drei Buchstaben verkürzt eingeben, so funktioniert anstelle von select disk 0 auch sel disk 0.

---

diskshadow   W2k8, W2k8R2

Leistungsfähiger Kommandozeileninterpreter zur Verwaltung von Schattenkopien. Die Bedienung ähnelt **diskpart**. Kann interaktiv bedient oder durch ein Skript gesteuert werden, das mit dem Parameter **-s** angegeben wird.

Im Folgenden die wichtigsten Befehle von **diskshadow**:

help | *Befehl* -?
> Zeigt die Hilfe zu den aktuell verfügbaren Befehlen oder dem angegebenen Befehl an.

exit
> Beendet **diskshadow**.

list shadows {**all** | **set** *SatzID* | **id** *SchattenkopieID*}
> Listet Schattenkopien auf, wahlweise alle (**all**), jene eines Satzes (**set**) oder eine bestimmte (**id**).

set
> Zeigt die aktuellen Optionen sowie die von **diskshadow** als Umgebungsvariablen gesetzten Aliase an.

set context {**clientaccessible** | **persistent** | **volatile**}
> Setzt den Typ zu erzeugender Schattenkopien. Diese können Clients zugänglich gemacht werden (**clientaccessible**), die aktuelle Programmsitzung überdauern (**persistent**) oder danach gelöscht werden (**volatile**).

set option transportable
Die Schattenkopie wird nach der Erstellung nicht importiert. Vielmehr werden die Daten in eine CAB-Datei geschrieben, mit deren Hilfe die Schattenkopie später auf einem anderen System importiert werden kann.

set verbose {on | off}
Schaltet den ausführlichen Modus an oder aus.

set metadata *Pfad*
Legt den *Pfad* (inkl. Dateiname) zur zu erstellenden Metadatendatei fest.

begin {backup | restore}

end {backup | restore}
Startet oder beendet eine Backup- bzw. Restore-Operation.

simulate restore
Simuliert eine Restore-Operation.

add
Zeigt die einer Schattenkopie hinzuzufügenden Volumes und die definierten Aliase.

add volume *Laufwerk* [**alias** *Aliasname*]
Fügt ein *Laufwerk* (Format: C:) zum Schattenkopiesatz hinzu und gibt ihm optional einen in einer Umgebungsvariablen gespeicherten Aliasnamen.

create
Erstellt die Schattenkopie. Vorher muss mit **add** mindestens ein Laufwerk hinzugefügt worden sein.

expose *SchattenkopieID* {*Laufwerk* | *Freigabe* | *MountPoint*}
Macht eine Schattenkopie als Laufwerk, lokale Freigabe oder durch Mounten in ein Verzeichnis (den *MountPoint*) verfügbar. Die Schattenkopie muss entweder persistent sein, oder dieser Befehl muss mit **begin backup** und **end backup** verwendet werden. Als *SchattenkopieID* wird am einfachsten ein vorher mit **add** erstelltes Alias in Prozentzeichen verwendet.

unexpose {*SchattenkopieID* | *Laufwerk* | *Freigabe* | *MountPoint*}
Hebt die Bereitstellung einer Schattenkopie wieder auf.

exec *Skript*
Führt ein Skript aus, das z. B. eine Datensicherung von einer bereitgestellten Schattenkopie durchführt.

delete shadows {**all** | **volume** *Volume* | **oldest** *Volume* | **set** *SatzID* | **id** *SchattenkopieID* | **exposed** *Bereitstellungspunkt*}

> Löscht Schattenkopien: alle (**all**), alle (**volume**) oder die älteste (**oldest**) eines *Volumes*, alle eines Satzes (**set**) oder eine bestimmte, die durch ihre *SchattenkopieID* (**id**) oder den *Bereitstellungspunkt* bezeichnet wird.

load metadata *Pfad*

> Lädt Metadaten aus einer Schattenkopie-CAB-Datei für den anschließenden **Import** der Daten aus der CAB-Datei.

import

> Importiert eine Schattenkopie aus einer vorher erstellten CAB-Datei, deren enthaltene Metadaten bereits mit **load metadata** geladen worden sein müssen.

reset

> Setzt **diskshadow** auf den ursprünglichen Zustand zurück. Dabei gehen nicht persistente Schattenkopien verloren.

Weitere Kommandos können der Windows-Hilfe bzw. der Hilfe des Befehls entnommen werden.

dism   7, W2k8R2

```
DISM.exe [DISM-Optionen] {WIM-Befehl} [<WIM-Argumente>]
DISM.exe {/Image:<Pfad zum Offlineabbild> | /Online} [DISM-Optio-
nen] {Wartungsbefehl} [<Wartungsargumente>]]
```

Dient dem Ansehen, Installieren, Deinstallieren, Konfigurieren und Aktualisieren von Funktionen und Paketen in Windows-Installationen und Abbilddateien (Typ .WIM). Welche Befehle im Einzelnen verfügbar sind, hängt von der in der Abbilddatei enthaltenen Betriebssystemversion ab und davon, ob es sich um ein Online- oder Offlineabbild handelt. Das Programm übernimmt unter anderem einen Teil der Funktionen von imagex aus dem Windows AIK.

Optionen

Die Optionen des Befehls **dism** setzen sich in der Regel aus dem auszuführenden Wartungsbefehl, dem Ziel (bei dem es sich um eine Abbilddatei vom Typ **.wim**, um eine Offlineinstallation von Windows oder das laufende Betriebssystem handeln kann) und aus für die Steuerung von dism ggf. gewünschten oder erforderlichen Argumenten zusammen. Aufgrund des umfassenden Funktionsumfangs kann hier nur auf einige wesentliche Optionen eingegangen werden. Weiterführende Informationen zum vollständigen Befehlsumfang entnehmen Sie bitte der Hilfe zum Befehl oder der Technet-Library im Internet zur Thematik Abbildverwaltung für die Bereitstellung (Deployment Image Servicing and Management – DISM). Indem Sie /? erst nach Eingabe einer Option an den Befehl anhängen, werden zusätzliche Informationen zu der jeweiligen Option angezeigt.

Hinweis: Folgt ein Parameter auf einen Doppelpunkt, muss dieser dem Doppelpunkt unmittelbar ohne Leerzeichen folgen.

/cleanup-wim
Löscht Ressourcen, die mit nicht korrekt abgemeldeten WIM-Abbildern verbunden sind.

/commit-wim
Speichert in einem bereitgestellten WIM-Abbild vorgenommene Änderungen.

/get-mountedwiminfo
Listet Informationen zu aktuell bereitgestellten Abbilddateien auf.

/get-wiminfo /wimfile:*Pfad-zu-Dateiname***.wim**
Zeigt Informationen zu in der angegebenen Abbilddatei enthaltenen Abbildern an.

/mount-wim
Stellt ein Abbild aus einer WIM-Datei heraus bereit. Folgende Argumente werden für die Bereitstellung unterstützt:

/wimfile:*Pfad-zu-Dateiname***.wim**

gibt den Pfad zur Abbilddatei an, die gemounted werden soll.

/index:*Nummer*

Gibt die Position des zu mountenden Abbilds aus der Abbilddatei an, da eine Abbilddatei mehrere verschiedene Abbilder beinhalten kann.

/name:*Abbildname*

Der Name des Abbilds kann anstelle der Indexnummer verwendet werden.

/mountdir:*Verzeichnispfad*

Gibt den Pfad zu einem existierenden leeren Verzeichnis an, in dem das Abbild für die Bearbeitung bereitgestellt wird.

/remount-wim /mountdir:*Verzeichnispfad*
Stellt ein verwaistes Bereitstellungsverzeichnis wieder her.

/unmount-wim /commit | /discard

Hebt die Bereitstellung eines WIM-Abbilds auf. **commit** integriert die im Bereitstellungsverzeichnis vorgenommenen Änderungen in die Abbilddatei, **discard** verwirft sie und lässt die Abbilddatei unverändert.

/online

Verwendet das derzeit laufende Betriebssystem als Ziel.

/image

Gibt den Pfad zum Stammverzeichnis des Offline-Abbildes einer Windows-Installation an, das sich auf einem anderen logischen Laufwerk befinden kann.

/get-drivers

Dieser Wartungsbefehl zeigt Informationen zu den im angesprochenen Abbild oder der laufenden Windows-Installation enthaltenen Treibern an. Standardmäßig werden nur Treiber von Drittanbietern angezeigt. Um im Betriebssystem enthaltene Treiber mit aufzulisten, geben Sie den Parameter **/all** an.

/get-driverinfo /driver:*Pfad-zur-Treiber*.inf

Zeigt detaillierte Informationen zu einem angegebenen Treiber an. Der angegebene Pfad kann sich auf den Namen einer installierten .inf-Datei beschränken oder den Pfad zu einem nicht ins Abbild integrierten Treiber angeben.

/add-driver /driver:*Pfad* /recurse /forceunsigned

Fügt den oder die Treiber dem Abbild hinzu, die sich im angegebenen Pfad befinden. Als Pfad kann ein Ordner oder auch der komplette Pfad zu einer .inf-Datei angegeben werden. recurse sucht nach Treibern auch in den Unterverzeichnissen des angegebenen Ordners, forceunsigned erzwingt das Installieren nicht signierter Treiber in 64-Bit-Versionen von Windows.

/remove-driver /driver:*Pfad-zur-Treiber*.inf

Entfernt den angegebenen Drittanbietertreiber aus dem Offline-Abbild.

Hinweis: Wenn der entfernte Treiber für den Startvorgang des Betriebssystems kritisch ist, kann das Betriebssystem im bearbeiteten Abbild möglicherweise nicht mehr starten. Alle treiberbezogenen Wartungsbefehle funktionieren nur mit entpackten Treibern, die über eine gültige .inf-Datei verfügen.

/get-packages

Zeigt Basisinformationen zu allen im ausgewählten Abbild installierten Paketen an.

/get-packageinfo {/packagename:*Name-im-Abbild* | **/packagepath:***Pfad-zur-CAB-Datei***}**

Zeigt detaillierte Informationen zum per Namen oder Pfad angegebenen Paket an.

/add-package /packagepath:*Pfad-zur-CAB-Datei* **[/ignorecheck]**

Fügt dem Abbild das mit dem Parameter packagapath angegebene Paket hinzu, das entweder als CAB-Datei oder als MSI-Datei vorliegen muss oder den Pfad zu einem Ordner mit einer einzelnen entpackten CAB-Datei, einer einzelnen MSU-Datei oder mehreren CAB- oder MSU-Dateien beinhaltet. Mit dem Parameter **/ignorecheck** wird die Prüfung der Verfügbarkeit der einzelnen Pakete übergangen.

/remove-package {/packagename:*Name-im-Abbild* | **/packagepath:***Pfad-zur-CAB-Datei***}**

Entfernt das per Name oder Pfad der Originalquelle angegebene Paket. Dieses muss als CAB-Datei vorliegen.

/get-features [{/packagename:*Name-im-Abbild* | **/packagepath:***Pfad-zur-CAB-Datei***}]**

Listet grundlegende Informationen zu allen oder zu den durch angegebene Parameter ausgewählten Betriebssystemfeatures auf. Bei Angabe eines Feature-Namens ist die Groß- und Kleinschreibung zu berücksichtigen, das gilt auch für alle folgenden featurebezogenen Optionen. Als packagepath kann entweder eine CAB-Datei oder ein Ordner angegeben werden.

/get-featureinfo /featurename:*Name-im-Abbild* **[/packagename:***Name-im-Abbild***] [/packagepath:***Pfad-zur-CAB-Datei***]**

Zeigt detaillierte Informationen zum mit dem Parameter /featurename angegebenen Feature im Abbild an. Die Parameter **packagename** und **packagepath** können verwendet werden, um ein bestimmtes Feature im angegebenen Paket zu finden.

/enable-feature /featurename:*Name-im-Abbild* **[/packagename:***Name-im-Abbild***] [/packagepath:***Pfad-zum-Paket***]**

Aktiviert oder aktualisiert das angegebene Feature im Abbild. Für im Betriebssystem enthaltene Features muss die Option **/packagename** nicht angegeben werden. Mit der Option **/packagepath** können Sie auf die Originalquelle des Pakets verweisen. Falls das Paket noch nicht installiert ist, wird es installiert und aktiviert.

/disable-feature /featurename:*Name-im-Abbild* **[/packagename:***Name-im-Abbild***]**

Deaktiviert das angegebene Feature im Abbild.

/cleanup-image [/revertpendingactions]

Führt Bereinigungs- oder Wiederherstellungsvorgänge im Abbild durch. Die Option **/revertpendingactions** entspricht einer System-wiederherstellung bezogen auf ein Abbild und sollte nur eingesetzt werden, wenn das betreffende Windows-Abbild nicht mehr gestartet werden kann. Sie ist nicht auf das laufende Betriebssystem oder auf Abbilder von Windows PE oder Windows RE (Windows Recovery Environment) anwendbar.

/english

Gibt alle angezeigten Informationen in englischer Sprache aus.

/format:table|list

Bestimmt das Ausgabeformat eines Berichts. table bewirkt die An-zeige als Tabelle, list als Liste von Namen und zugehörigen Werten.

/norestart

Unterdrückt die Aufforderung zum Neustart nach Änderungen.

/quiet

Unterdrückt alle Ausgaben mit Ausnahme von Fehlermeldungen.

/scratchdir

Gibt den Pfad zum Extrahieren zu wartender Dateien an. Ohne Pfad-angabe wird das temporäre Verzeichnis verwendet.

/windir:*Pfad-zum-Windows-Verzeichnis*

Gibt den Pfad des Windows-Ordners relativ zum Pfad des Abbilds an. Standardmäßig wird der Windows-Ordner im Basisverzeichnis des Abbilds angesprochen.

Beispiel

Mit dem im Administratorkontext ausgeführten Befehl **dism /online /cleanup-image /spsuperseded** löschen Sie die während der Installation des Service Packs für Windows 7 erzeugte Kopie der alten Dateiversionen im laufenden Betriebssystem. Sie sollten diesen Befehl nur ausführen, wenn Sie sicher sind, das Service Pack nicht mehr entfernen zu wollen.

format
AllOS

format *x*: [*Optionen*]

Formatiert das durch den Laufwerkbuchstaben *x* gekennzeichnete Volume.

Optionen

/fs:*Typ*

Gibt den Typ des Dateisystems an (NTFS, UDF, FAT32 oder FAT).

/v:Datenträgerbezeichnung
> Gibt die Bezeichnung des Datenträgers an.

/a:n
> Setzt die Clustergröße auf *n* Bytes (ergänzen Sie **K** nach *n*, wenn *n* in KByte angegeben ist). Gültige Werte sind alle Potenzen von 2 zwischen 512 und 64K für NTFS bzw. 8192 und 16K für FAT.

/c
> Komprimiert alle Dateien auf dem neuen Dateisystem (es muss sich dabei um ein NTFS-Dateisystem mit höchstens 4 KByte großen Clustern handeln).

/q
> Führt eine Schnellformatierung durch.

/x
> Erzwingt vor der Formatierung das Aufheben der Bereitstellung des Volumes (Unmount vor der Formatierung).

fsutil XP, W2k3, Vista, W2k8, 7, W2k8R2

Verwaltet interne und komplexe Eigenschaften von Dateisystemen. Details dieses umfangreichen Befehls können der Windows-Hilfe entnommen werden. Im Folgenden werden die wichtigsten Funktionen aufgelistet:

behavior
> Fragt folgende Eigenschaften ab bzw. setzt sie: Erzeugung von 8.3-Namen, Zeichen aus erweiterten Zeichensätzen in 8.3-Namen, Festhalten der Zeit des letzten Zugriffs, Frequenz der Eventlog-Einträge bei Quota-Überschreitung, Speichernutzung des (Non-)Paged Pools, Größe der MFT, Kompression ausschalten, Verschlüsselung ausschalten, Auslagerungsdatei verschlüsseln, Auflösung symbolischer Links, Bug Check (»Blue Screen«) bei Schäden.

dirty {query | set} *Laufwerk*
> Fragt das Dirty-Bit ab bzw. setzt das Dirty-Bit, das festhält, ob ein Laufwerk in einem inkonsistenten Zustand ist und beim nächsten Systemstart durch autochk.exe überprüft wird.

file createnew *Dateiname Länge*
> Erstellt eine leere Datei mit der angegebenen Länge in Byte.

fsinfo
> Zeigt detaillierte Informationen zu Laufwerken und Volumes an.

hardlink create *NeuerName ExistierendeDatei*
> Erzeugt einen Hard-Link mit dem Dateinamen *NeuerName*, der auf die Datei *ExistierendeDatei* auf dem gleichen Volume verweist.

objectid {**create** | **delete** | **query** | **set**} *ExistierendeDatei*
> Erstellt, löscht, liest oder ändert Objektbezeichner, bestehend aus 32-stelligen Hexadezimalwerten für Objektkennung, Anfangsvolumekennung, Anfangsobjektkennung, Domänenkennung. Bei Verwendung des Parameters set sind die Kennungen mit anzugeben.

quota *Option*
> Aktiviert weiche und harte (**enforce**) bzw. nur weiche (**track**) Kontingente, deaktiviert (**disable**), listet (**query**) oder bearbeitet (**modify**) Kontingente eines Volumes. Schließlich können Kontingentüberschreitungen aus dem Eventlog ausgelesen und aufgelistet werden (**violations**).

repair *Option*
> Erfragt (**query**) oder setzt den Status der Dateisystemselbstheilung (**set**). Wartet auf Beendigung der aktuellen bzw. aller Reparaturen (**wait**). Initiiert die Reparatur einer Datei (**initiate**).

reparsepoint {**query** | **delete**} *Pfad*
> Zeigt Informationen zu einem auf *Pfad* gesetzten Analysepunkt an oder löscht ihn.

resource
> Verwaltet den Transaktionsressourcen-Manager.

sparse
> Erzeugung von und Informationen über Sparse Files.

transaction
> Verwaltet Dateisystemtransaktionen (u.a. Commit und Rollback).

usn
> Verwaltet USN-Journale (u.a. erstellen, löschen, Daten ausgeben).

volume {**diskfree** | **dismount**} *Laufwerk*
> Zeigt den freien Platz eines Volumes an bzw. hebt dessen Bereitstellung auf.

---

imagex

Dieses Werkzeug aus dem Windows AIK dient zum Erstellen, Bearbeiten und Zurückspielen von Windows Image-Dateien (Typ .wim). Einen Teil der Funktionalität dieses Programms finden Sie in dism wieder, doch die

---

Erstellung von WIM-Dateien bleibt imagex vorbehalten. Zudem erscheint die Syntax zugänglicher als jene von dism.

WIM-Dateien sind dateibasierte und somit hardwareunabhängige Abbilddateien. Weitere Vorteile dieses Formats gegenüber einem sektorbasierten Abbild sind Kompression, Single Instancing, die Möglichkeit der Offline-Bearbeitung und weitgehende Unabhängigkeit von der Größe der Zielpartition. Sie dienen vorrangig der Verteilung angepasster Windows-Installationen in Unternehmen, können aber auch der Sicherung der eigenen Windows-Installation dienen. Die folgenden Beispiele zeigen einige Anwendungsmöglichkeiten des Befehls. Den vollständigen Umfang können Sie der WAIK-Dokumentation entnehmen.

```
imagex /capture x: Dateiname.wim "Name"
```

Erzeugt im aktuellen Ordner eine Abbilddatei des Laufwerks *x:* mit »Name«.

```
imagex /append x: y:\Dateiname.wim "Name"
```

Fügt an die Abbilddatei y:\Dateiname.wim ein Abbild mit dem angegebenen Namen an.

```
imagex /apply Dateiname.wim 1 x:
```

Spielt das Abbild mit der Indexzahl 1 auf Laufwerk x: ein. Wird selbiges vorher nicht formatiert und beinhaltet es bereits Daten, erhalten Sie eine Mischung aus alten und neuen Dateien, was nicht immer gewollt ist. Anstelle der Indexzahl kann auch der dem Abbild zugewiesene Name angegeben werden.

```
imagex /export Quelldatei.wim 1 Zieldatei.wim "Zielname" /compress
    maximum
```

Exportiert das über die Indexzahl 1 ausgewählte Abbild (alternativ ist auch der Name möglich) in eine andere WIM-Datei und verwendet hierbei die maximale Kompressionsrate. Da ein Abbild sich nach dem Löschen von Inhalten aus einem gemounteten Abbild nicht verkleinert, kann diese Methode für die Größenreduzierung verwendet werden.

```
imagex /mountrw Dateiname.wim 1 x:\ordner
```

Mountet den Inhalt des Abbilds mit der Indexzahl 1 beschreibbar in x:\ordner. Selbiger sollte vorher leer sein.

```
imagex /unmount /commit x:\ordner
```

Gibt das in x:\ordner gemountete Abbild frei und schreibt die Änderungen in die Abbilddatei. /discard verwirft die Änderungen.

label AllOS

`label` `[/MP]` `[x:]` `[Datenträgerbezeichnung]`

Vergibt für das Laufwerk *x* eine Datenträgerbezeichnung (ohne Laufwerksangabe wird die Bezeichnung des aktuellen Laufwerks geändert). Wenn keine *Datenträgerbezeichnung* angegeben wurde, wird sie abgefragt. Mit dem Parameter /MP wird angegeben, dass das Volume als Bereitstellungspunkt oder Volume behandelt werden soll.

linkd W2k3RK

`linkd` `Quelle` `[/d | Ziel]`

Erzeugt (*Quelle Ziel*) oder löscht (*Quelle* **/d**) einen Junction Point oder zeigt dessen Ziel. *Quelle* muss ein leeres Verzeichnis auf einem NTFS-Laufwerk sein.

Anmerkung: Ab Windows Vista/Server 2008 steht hierfür der Befehl MKLINK zur Verfügung, der zusätzlich symbolische und feste Verknüpfungen (*Symbolic* und *Hard Links*) erzeugen kann.

MKLINK Vista, W2k8, 7, W2k8R2

`MKLINK` `[/d | /h | /j]` `Verknüpfung Ziel`

Erstellt eine symbolische *Verknüpfung* (Symbolic Link) auf eine Datei bzw. ein Verzeichnis (**/d**). Anstelle einer symbolischen Verknüpfung kann eine feste Verknüpfung (**/h**, Hard Link) oder eine Verzeichnisverbindung (**/j**, Junction Point) erzeugt werden.

Anmerkung: Feste Verknüpfungen und Verzeichnisverbindungen werden seit NTFS 5 (Windows 2000), symbolische Verknüpfungen erst seit NTFS 6 (Windows Vista) unterstützt.

mountvol AllOS

`mountvol` `[Verzeichnis]` `[Volume | /d | /l]`

(Dis-)Mounten eines Volumes in einem leeren Verzeichnis einer NTFS-Partition. *Volume* muss als GUID in der Form \\?\Volume{*GUID*}\ angegeben werden. Die GUIDs der vorhandenen Volumes liefert ein Aufruf von **mountvol** ohne Parameter. **/d** hebt die Bereitstellung eines Volumes auf. **/l** zeigt den Namen des ggf. in *Verzeichnis* bereitgestellten Volumes an. /p entfernt den Volumebereitstellungspunkt vom angegebenen Verzeichnis, entfernt die Volumebereitstellung und setzt das Volume auf nicht mehr bereitstellbar.

mountvol /r

Bereinigung: Löscht Bereitstellungsverzeichnisse und Registrierungseinstellungen für im System nicht mehr vorhandene Volumes.

mountvol {/n | /e}

Deaktiviert (**/n**) bzw. aktiviert (**/e**) das automatische Bereitstellen neuer Volumes.

Die seit Vista/2008 enthaltene Version von **mountvol** bietet mehr Optionen als die Vorgängerversionen.

rsdiag   W2k3ST

rsdiag [*Optionen*]

Zeigt Informationen über Remote-Speichermedien an.

rsdir   W2k3ST

rsdir *Eintrag* [*Optionen*]

Zeigt Informationen über den Status von Dateien im Remote-Speicher an (z. B., ob sie offline sind).

rsm   XP, W2k3

rsm *Befehl* [*Optionen*]

Verwaltet die Medien des Remote-Speichers. Sie verwenden diesen Befehl, um z. B. Medienpools zu definieren oder Medien zu einem Pool hinzuzufügen. Weitere Informationen finden Sie in der Windows-Hilfe.

rss   W2k3

Verwaltet den Remotespeicherdienst (RSS).

subst   AllOS

subst *Laufwerkbuchstabe*: {*Pfad* | **/d**}

Weist einem *Pfad* im Dateisystem einen *Laufwerkbuchstaben* zu bzw. hebt die Zuordnung wieder auf. Der Befehl kann u. a. dazu verwendet werden, sehr lange Pfade (>260 Zeichen) zu erzeugen oder wieder zu löschen, da die Pfadlängenbegrenzung auf 260 Zeichen immer nur für den Pfad selbst gilt, unabhängig von der Datenstruktur auf der Festplatte.

Anmerkung: Die Begrenzung der Pfadlänge auf 260 Zeichen gilt nicht grundsätzlich, sondern nur für Programme, die die erweiterten Möglichkeiten von NTFS mit Pfaden bis 32.767 Zeichen Länge nicht unterstützen. Leider gehört auch der Windows Explorer dazu.

VOL AllOS

VOL [*x*:]

Zeigt die Datenträgerbezeichnung und die Seriennummer des aktuellen oder des angegebenen Datenträgers an.

vssadmin XP, W2k3, Vista, W2k8, 7, W2k8R2

Verwaltet den Volumenschattenkopie-Dienst.

vssadmin add shadowstorage /for=*x*: **/on**=*y*: [**/maxsize**=*Größe*]

Fügt eine Schattenkopie-Speicherassoziation zwischen den Laufwerken *x*: und *y*: hinzu und begrenzt optional den maximal zu verwendenden Speicher. Die *Größe* muss mindestens 100 MByte betragen und kann u.a. mit folgenden Suffixen angegeben werden: KB, MB, GB, TB.

vssadmin resize shadowstorage /for=*x*: **/on**=*y*: [**/maxsize**=*Größe*]

Ändert den maximal von Schattenkopien zu belegenden Speicherplatz.

vssadmin delete shadowstorage /for=*x*: [**/on**=*y*]

Löscht Schattenkopie-Speicherassoziationen für das angegebene Volume auf allen oder auf dem mit **/on** spezifizierten Volume.

vssadmin list shadowstorage {**/for**=*x*: | **/on**=*y*:}

Zeigt Schattenkopie-Speicherassoziationen für das angegebene Quell- (**/for**) oder Zielvolume (**/on**) an.

vssadmin create shadow /for=*x*: [**/autoretry**=*TimeoutMinuten*]

Erstellt eine Schattenkopie des angegebenen Volumes. Falls angegeben und falls gerade ein anderer Prozess eine Schattenkopie erstellt, wird *TimeoutMinuten* lang versucht, die Kopie zu erstellen, bevor abgebrochen wird.

```
vssadmin delete shadows /for=x: [/oldest]
```

Löscht alle Schattenkopien des angegebenen Volumes.

```
vssadmin delete shadows /shadow=SchattenkopieID
```

Löscht die Schattenkopien mit der angegebenen ID.

```
vssadmin delete shadows /all
```

Löscht alle Schattenkopien aller Volumes.

```
vssadmin list shadows [/for=x:] [/shadow=SchattenkopieID]
```

Zeigt Informationen zu allen oder einer angegebenen Schattenkopie an.

```
vssadmin list volumes
```

Zeigt diejenigen Volumes an, von denen Schattenkopien erstellt werden können.

```
vssadmin revert shadow /shadow=SchattenkopieID [/ForceDismount]
    [/Quiet]
```

Stellt den Zustand auf einem Volume wieder her, der zum Zeitpunkt der Erstellung einer Schattenkopie herrschte. Alle späteren Änderungen und auch Schattenkopien gehen dabei verloren! Optional können offene Handles gewaltsam geschlossen werden (/ForceDismount); der Vorgang würde ansonsten fehlschlagen.

Anmerkung: Die bei Windows XP, Vista und 7 enthaltenen Versionen dieses Befehls bieten nur eine geringe Untermenge der hier beschriebenen Optionen der Version von Server 2008/2008 R2.

wim2vhd   WWW

```
cscript wim2vhd.wsf /wim:dateiname.wim /sku:<skuname>
```

Dieses Werkzeug von Microsoft erzeugt mithilfe eines WIM-Abbilds eine virtuelle Festplatte (VHD), die mittels Hyper-V oder Virtual PC eingebunden und abhängig vom umgewandelten Abbild in dieser gestartet werden kann. Anzugeben sind der Name und ggf. Pfad der WIM-Datei und die SKU, beispielsweise HOMEPREMIUM. Anstelle der SKU können Sie auch den Index des Abbilds in der WIM-Datei angeben. Optionale Parameter entnehmen Sie bitte der MSDN-Website, auf der das Programm zum Download angeboten wird.

Drucker und Warteschlangen

lpq
AllOS

`lpq -s` *Server* `-p` *Drucker* [`-l`]

Zeigt Status und Inhalt der angegebenen LPD-Druckerwarteschlange an. Einen ausführlichen Statusbericht erhalten Sie mit der Option **-l**.

Anmerkung: Seit Windows Vista ist **lpq** nicht im Standard-Installationsumfang enthalten, sondern muss über »Windows-Funktionen aktivieren oder deaktivieren« hinzugefügt werden. Unter Server 2008 muss das Feature »LPR Port Monitor« installiert werden.

lpr
AllOS

`lpr -s` *Server* `-p` *Drucker* [*Optionen*] *Datei*

Druckt *Datei* auf den angegebenen LPD-basierenden Drucker.

Optionen
-c *Klasse*
> Wählt eine Vorspannseite basierend auf der Auftragsklasse aus (es werden nicht alle Drucker unterstützt).

-j *Auftragsname*
> Definiert einen Auftragsnamen.

-o l
> Definiert den Auftragstyp als binär; der Standardwert ist Text. Dieser Befehl ist manchmal hilfreich, um PostScript-Dateien zu drucken.

Anmerkung: Unter Windows Vista ist **lpr** nicht im Standard-Installationsumfang enthalten, sondern muss über »Windows-Funktionen ein- oder ausschalten« hinzugefügt werden. Unter Server 2008 muss das Feature »LPR Port Monitor« installiert werden.

net print
W2k, XP, W2k3, Vista, W2k8

`net print \\`*Server*`\`*Druckerfreigabe*

Zeigt den Inhalt der angegebenen Druckerwarteschlange an.

net print [*Rechner*] *Auftragsnummer* {**/hold** | **/release** | **/delete**}

Hält den angegebenen Druckauftrag an (**/hold**), setzt ihn fort (**/release**) oder löscht ihn (**/delete**). Der Befehl existiert nicht mehr unter Windows 7. An seiner Stelle kann prnjob.vbs eingesetzt werden.

print AllOS

print /d:*Server**Druckerfreigabe Dateien*

Druckt Textdateien auf dem angegebenen entfernten Drucker.

prncnfg.vbs XP, W2k3, Vista, W2K8, 7, W2k8R2

Konfiguriert Drucker auf dem angegebenen oder lokalen Computer.

prncnfg.vbs -g [**-s** *Computer*] [**-u** *Benutzer*] [**-w** *Passwort*] **-p**
    DruckerName

Zeigt die Konfiguration des angegebenen Druckers an.

prncnfg.vbs -x [**-s** *Computer*] [**-u** *Benutzer*] [**-w** *Passwort*] **-p**
    DruckerName **-z** *NeuerDruckerName*

Benennt einen Drucker um.

prncnfg.vbs -t [**-s** *Computer*] [**-u** *Benutzer*] [**-w** *Passwort*] **-p**
    DruckerName [**-r** *PortName*] [**-l** *Standort*] [**-m** *Kommentar*]
    [**-h** *Freigabename*] [{**+**|**-**}**shared**] [{**+ -**}**published**]

Konfiguriert einen Drucker. Es kann ein Port, Standort, Kommentar und Freigabename zugewiesen werden. **shared** legt fest, ob der Drucker freigegeben wird, **published** steuert, ob der Drucker im Active Directory veröffentlicht wird.

Weitere Optionen zeigt der Aufruf von **cscript prncnfg.vbs** an.

Anmerkung: Unter Vista, Windows 7 und Server 2008 befinden sich die Druckerverwaltungsskripten nicht im Suchpfad, sondern sprachabhängig in Unterverzeichnissen von Windows\system32\Printing_Admin_Scripts.

prndrvr.vbs XP, W2k3, Vista, W2K8, 7, W2k8R2

Verwaltet Druckertreiber auf dem angegebenen oder lokalen Computer.

prndrvr.vbs -a -m *TreiberName* [**-s** *Computer*] [**-u** *Benutzer*] [**-w**
    Passwort] [**-v** {0 | 1 | 2 | 3}] [**-h** *TreiberPfad*] [**-i** *Treiber***.inf**]

Installiert den Druckertreiber *TreiberName*. **-v** wählt die Version (0: Windows 9x; 1: NT 3.51; 2: NT4; 3: Windows XP, 2000, 2003), **-h** legt den Pfad zu den Treiberdateien fest, und **-i** gibt die zu verwendende INF-Datei an.

```
prndrvr.vbs -d -m TreiberName [-s Computer] [-u Benutzer]
    [-w Passwort] -v {0 | 1 | 2 | 3}
```

Deinstalliert den angegebenen Druckertreiber.

```
prndrvr.vbs -l [-s Computer] [-u Benutzer] [-w Passwort]
```

Zeigt die installierten Druckertreiber an.

```
prndrvr.vbs -x [-s Computer] [-u Benutzer] [-w Passwort]
```

Löscht alle Druckertreiber für andere Versionen von Windows (Vorsicht, diese könnten von der Fax-Komponente benötigt werden).

prnjobs.vbs

XP, W2k3, Vista, W2K8, 7, W2k8R2

Verwaltet Druckaufträge auf dem angegebenen oder lokalen Computer.

```
prnjobs.vbs -z [-s Computer] [-u Benutzer] [-w Passwort] -p
    DruckerName -j AuftragsNummer
```

Hält den angegebenen Druckauftrag an.

```
prnjobs.vbs -m [-s Computer] [-u Benutzer] [-w Passwort] -p
    DruckerName -j AuftragsNummer
```

Setzt den angegebenen Druckauftrag fort.

```
prnjobs.vbs -x [-s Computer] [-u Benutzer] [-w Passwort] -p
    DruckerName -j AuftragsNummer
```

Bricht den angegebenen Druckauftrag ab.

```
prnjobs.vbs -l [-s Computer] [-u Benutzer] [-w Passwort]
    [-p DruckerName]
```

Zeigt Druckaufträge eines oder aller Drucker an.

prnmngr.vbs

XP, W2k3, Vista, W2K8, 7, W2K8R2

Verwaltet Drucker(-Verbindungen) und setzt den Standarddrucker auf dem angegebenen oder lokalen Computer.

```
prnmngr.vbs -a [-s Computer] [-u Benutzer] [-w Passwort] -p
    DruckerName -m TreiberName -r PortName
```

Fügt einen lokalen Drucker hinzu, der den angegebenen Treiber und Port verwendet.

prnmngr.vbs -ac -p *DruckerName*

Installiert den angegebenen Netzwerkdrucker.

prnmngr.vbs -d [**-s** *Computer*] [**-u** *Benutzer*] [**-w** *Passwort*] **-p**
    DruckerName

Löscht den angegebenen Drucker.

prnmngr.vbs -x [**-s** *Computer*] [**-u** *Benutzer*] [**-w** *Passwort*]

Löscht alle (!) Drucker.

prnmngr.vbs -g

Gibt den Namen des Standarddruckers aus.

prnmngr.vbs -t -p *DruckerName*

Setzt den angegebenen Drucker als Standarddrucker.

prnmngr.vbs -l [**-s** *Computer*] [**-u** *Benutzer*] [**-w** *Passwort*]

Gibt Informationen zu allen installierten (lokalen und Netzwerk-)Druckern aus.

---

prnport.vbs

Verwaltet Druckerports vom Typ »Standard TCP/IP Port« auf dem angegebenen oder lokalen Computer.

prnport.vbs -a [**-s** *Computer*] [**-u** *Benutzer*] [**-w** *Passwort*] **-r**
    PortName **-h** *IPAdresse* [**-o raw -n** *Port* | **lpr -q** *Warteschlange*]
    [**-me** | **-md**] [**-i** *SNMP-Index*] [**-y** *SNMP-Community*] [**-2e** | **-2d**]

Fügt einen Druckerport hinzu. **-o** legt RAW (erfordert einen TCP/IP-Port) oder LPR (erfordert einen Warteschlangennamen) als Protokoll fest. **-m** aktiviert (**-me**) oder deaktiviert (**-md**) SNMP. **-2** aktiviert (**-2e**) oder deaktiviert (**-2d**) die LPR-Bytezählung (gilt nur für Druckerports mit dem LPR-Protokoll).

prnport.vbs -t [**-s** *Computer*] [**-u** *Benutzer*] [**-w** *Passwort*] **-r** *PortName*
    [**-h** *IPAdresse*] [**-o raw -n** *Port* | **lpr -q** *Warteschlange*] [**-me** |
    -md] [**-i** *SNMP-Index*] [**-y** *SNMP-Community*] [**-2e** | **-2d**]

Konfiguriert einen Druckerport.

prnport.vbs -d [**-s** *Computer*] [**-u** *Benutzer*] [**-w** *Passwort*] **-r**
    PortName

Löscht einen Druckerport.

```
prnport.vbs -l [-s Computer] [-u Benutzer] [-w Passwort]
```
Zeigt alle Druckerports an.

```
prnport.vbs -g [-s Computer] [-u Benutzer] [-w Passwort] -r
    PortName
```
Zeigt die Konfiguration eines Druckerports an.

prnqctl.vbs

Verwaltet Druckerwarteschlangen auf dem angegebenen oder lokalen Computer.

```
prnqctl.vbs -z [-s Computer] [-u Benutzer] [-w Passwort] -p
    DruckerName
```
Hält den angegebenen Drucker an.

```
prnqctl.vbs -m [-s Computer] [-u Benutzer] [-w Passwort] -p
    DruckerName
```
Setzt den Druckvorgang auf dem angegebenen Drucker fort.

```
prnqctl.vbs -e [-s Computer] [-u Benutzer] [-w Passwort] -p
    DruckerName
```
Druckt eine Testseite auf dem angegebenen Drucker.

```
prnqctl.vbs -x [-s Computer] [-u Benutzer] [-w Passwort] -p
    DruckerName
```
Bricht alle Druckaufträge des angegebenen Druckers ab.

pubprn.vbs

Stellt einen einzelnen oder alle freigegebenen Drucker eines Servers in einem Active Directory-Container bereit.

```
pubprn.vbs Server\Druckerfreigabe "LDAP://OU=..,DC=..."
pubprn.vbs Server "LDAP://OU=..,DC=..."
```

rundll32 printui.dll ...

Ermöglicht die skriptbasierte Installation, das Verbinden, die Konfiguration und das Löschen von lokalen und Netzwerkdruckern und kann so das in die Jahre gekommene Programm con2prt weitgehend ersetzen. Es handelt sich hier um keine reine Konsolenanwendung, daher wird an dieser Stelle auf die Windows-Hilfe verwiesen. Die Syntax sieht wie folgt aus:

```
rundll32 printui.dll,PrintUIEntry [Optionen] [@Befehlsdatei]
```
Die Hilfe zu den verfügbaren Optionen erhalten Sie durch Aufruf von:
```
rundll32 printui.dll,PrintUIEntry /?
```

Registrierung

lodctr   XP, W2k3, Vista, W2k8, 7, W2k8R2

```
lodctr /r:"dateiname" | /s:"dateiname"
```
Stellt die Leistungsindikatoreneinstellung des Systems unter Zuhilfename einer Datei wieder her (/r) oder speichert sie in einer Datei (/s). Wird bei Verwendung von /r kein Dateiname angegeben, wird der Systemsicherungsspeicher verwendet. Zum Löschen von Namen und Erklärungen für erweiterbare Leistungsindikatoren können Sie den Befehl unlodctr verwenden. Weitere Details zu diesen Befehlen entnehmen Sie bitte der Windows-Hilfe.

reg   NT4RK, W2kST, XP, W2k3, Vista, W2k8, 7, W2k8R2

```
reg Operation Argumente [Optionen]
```
Sehr mächtiger Befehl zur Bearbeitung der Registrierung. Die Syntax ändert sich je nach der angegebenen Operation. Im Folgenden sind alle Operationen beschrieben, jedoch aus Platzgründen nur mit den gebräuchlichsten Optionen. Beachten Sie, dass alle Registrierungsschlüssel als kompletter Pfad, beginnend mit einer der Standardabkürzungen (HKLM, HKCU, HKCR oder HKCC), angegeben werden.

Häufige Optionen

/v *Name-des-Werts* | **/ve**
> Gibt den zu bearbeitenden Registrierungswert an. **/ve** bezeichnet den Standardwert (oberste Zeile in Regedit).

/s
> Der Befehl wirkt sich auf den gesamten Unterbaum aus.

/f
> Unterdrückt Bestätigungsmeldungen bzw. erzwingt das Überschreiben vorhandener Werte.

Verfügbare Operationen

reg query [*Rechner*\]*Schlüssel* [*Optionen*]
> Gibt Unterschlüssel, Werte und Daten des angegebenen Schlüssels aus. Die Optionen **/v**, **/ve** und **/s** werden unterstützt.

reg add [*Rechner*\]*Schlüssel* [*Optionen*]
> Fügt den angegebenen Schlüssel oder Wert hinzu. Akzeptiert **/v**, **/ve** und **/f**. Des Weiteren werden unterstützt: **/t** *Typ* (gibt den Datentyp an), **/d** *Daten* (setzt den Wert) und **/s** *Zeichen* (gibt ein Trennzeichen für Werte des Typs REG_EXPAND_SZ an; das Standardzeichen ist \o).

reg copy [*Rechner*\]*Quellschlüssel* [*Rechner*\]*Zielschlüssel* [*Optionen*]
> Kopiert einen Schlüssel. Unterstützt **/s** und **/f**.

reg delete [*Rechner*\]*Schlüssel* [*Optionen*]
> Löscht einen Schlüssel oder Wert. Unterstützt **/f**, **/v**, **/ve** und **/va** (löscht alle Werte).

reg compare [*Rechner1*\]*Schlüssel1* [*Rechner2*\]*Schlüssel2* [*Optionen*] [*Ausgabeoption*]
> Vergleicht zwei Schlüssel. Mit **/s** werden zwei Unterbäume verglichen. Die Optionen **/v** und **/ve** werden unterstützt. *Ausgabeoption* definiert, wie Unterschiede ausgegeben werden. Folgende Optionen sind möglich: **/oa** (alle Informationen), **/od** (nur Unterschiede), **/os** (nur Übereinstimmungen) oder **/on** (keine Ausgabe, sondern Ergebnisse als Rückgabecode: 0=gleich, 2=unterschiedlich, 1=Fehler).

reg export *Schlüssel Datei* [**/y**]
> Exportiert einen lokalen Registrierungsschlüssel in eine Datei (mit **/y** wird *Datei* ohne Rückfrage überschrieben, falls sie schon existiert). Diese Operation arbeitet rekursiv.

reg import *Datei*
> Importiert mit **reg export** gesicherte Registrierungsdaten aus *Datei* in die lokale Registrierung.

reg save [*Rechner*\]*Schlüssel Datei*
> Speichert den angegebenen Schlüssel in *Datei* ab. Diese Operation arbeitet rekursiv.

reg restore [*Rechner*\]*Schlüssel Datei*
> Stellt die Registrierungsdaten aus *Datei*, die mit **reg save** gespeichert wurden, an der ursprünglichen (angegebenen) Stelle wieder her.

reg load [*Rechner*\\]*Schlüssel Datei*

Stellt die Registrierungsdaten aus *Datei*, die mit **reg save** gespeichert wurden, an einer anderen Stelle temporär wieder her. Die geladenen Daten bleiben nach einem Neustart nicht erhalten.

reg unload [*Rechner*\\]*Schlüssel*

Entlädt einen vorher temporär geladenen Registrierungsschlüssel.

reg flags *Schlüssel* [**set** [**DONT_VIRTUALIZE**] [**DONT_SILENT_FAIL**] [**RECURSE_FLAG**]]

Erfragt (ohne **set**) oder setzt Virtualisierungsflags für einen *Schlüssel* unterhalb von HKLM: nicht virtualisieren (**DONT_VIRTUALIZE**), bei abgeschalteter Virtualisierung alle Zugriffsrechte des Benutzers gewähren (**DONT_SILENT_FAIL**), Virtualisierungseinstellungen auf neue Unterschlüssel vererben (**RECURSE_FLAG**).

regini

regini *Skriptdatei*

Importiert Schlüssel und Werte in die Registrierung von lokalen und Remotesystemen anhand der Informationen aus der angegebenen Skriptdatei. Als Besonderheit können Berechtigungen gesetzt werden.

Die Syntax der Skriptdateien ist in der Hilfe zu den Resource Kits und in verschiedenen Artikeln in der Microsoft Knowledge Base (u. a. in KB245031) erklärt. Auch die Verwendung von **regdmp** ist für das Verständnis hilfreich. Im Folgenden wird eine kurze Einführung gegeben.

Syntax der Skriptdateien

```
Registry\Hive\Schlüssel\Unterschlüssel1 [ACL]
    Unterschlüssel2a [ACL]
        Wert = Datentyp Wertdaten [ACL]
    Unterschlüssel2b [ACL]
```

Die Hierarchie von Schlüsseln, Unterschlüsseln und Werten kann entweder durch Verwendung von Backslashs zwischen einem Schlüssel und dessen Unterschlüssel ausgedrückt werden oder durch entsprechende Einrückung unter Verwendung von Leer- oder Tabulatorzeichen.

Zu setzende Berechtigungen (ACLs) werden als durch Leerzeichen getrennte Zahlen angegeben (1 bis 20 sind definiert), die jeweils für eine bestimmte Berechtigung stehen. Einige gängige Berechtigungen sind:

1 Administratoren: Vollzugriff

7 Jeder: Vollzugriff

8 Jeder: Lesen

17 System: Vollzugriff

Die gängigsten *Datentypen* werden wie folgt verwendet, um *Werte* zu setzen oder zu löschen:

Datentyp
    Wert

REG_SZ
    Eine Zeichenkette ohne Anführungszeichen.

REG_EXPAND_SZ
    Eine Zeichenkette ohne Anführungszeichen (darin enthaltene Umgebungsvariablen werden beim Auslesen expandiert).

REG_MULTI_SZ
    Mehrere Zeichenketten in Anführungszeichen, getrennt durch Leerzeichen. Ein Backslash am Zeilenende gibt an, dass die Liste in der nächsten Zeile fortgesetzt wird.

REG_DWORD
    Eine Zahl. Hex-Werte werden durch das Präfix 0x gekennzeichnet.

REG_BINARY
    Die erste Zahl spezifiziert die Anzahl der folgenden Bytes. Die Datenbytes werden jeweils als 4-Byte-Zahlen angegeben, getrennt durch Leerzeichen. Ein Backslash am Zeilenende gibt an, dass die Liste in der nächsten Zeile fortgesetzt wird. Hex-Werte werden durch das Präfix 0x gekennzeichnet.

DELETE
    Löscht den zugehörigen Wert.

Prozesse

clearmem

W2k3RK

`clearmem` [*Optionen*]

Alloziert Speicher und gibt diesen wieder frei, um den von Applikationen und dem Dateisystemcache verwendeten Speicher zu verringern.

handle

handle -u [-p *Prozess*] [*Objektname*]

Dieses Sysinternals-Tool zeigt offene Handles aller Prozesse an. Optional werden nur die Handles eines per Name oder PID angegebenen *Prozesses* oder eines bestimmten *Objektes* aufgelistet.

Beispiel

handle -p expl temp

> Listet alle Objekte (Dateien, Registry-Einträge) auf, die gerade von einem Prozess mit »expl« im Namen geöffnet sind, und die in einem Pfad liegen, der die Zeichenkette »temp« enthält. Kurz: alle durch Explorer geöffneten temporären Dateien.

Anmerkung: handle und viele weitere leistungsstarke Befehle können bei Microsoft frei heruntergeladen werden: *http://technet.microsoft.com/de-de/sysinternals*. Sie sollten gelegentlich auch nach neueren Versionen solcher Werkzeuge Ausschau halten, mit denen nicht nur eventuelle Fehler korrigiert werden, sondern vor allem auch weitere Funktionen hinzugefügt werden.

memsnap

memsnap [*Optionen*] *Logdatei*

Schreibt einen Schnappschuss der aktuellen Speichernutzung in Logdatei und analysiert den Zuwachs zwischen mehreren Schnappschüssen.

pmon

pmon

Zeigt, ähnlich dem Task-Manager, permanent eine Liste aller aktiven Prozesse und deren Speicherauslastung an. Die Liste wird alle vier Sekunden aktualisiert und zeigt auch die Veränderung gegenüber der vorigen Messung.

psexec

psexec [*Optionen*] *Befehl*

Dieses leistungsfähige Kommando aus der mittlerweile zu Microsoft gehörenden Tool-Schmiede Sysinternals startet Kommandozeilenprogramme auf entfernten Systemen, wobei Ein- und Ausgabe auf den lokalen Computer umgeleitet werden. Auf den entfernten Systemen ist keinerlei Vorkonfiguration nötig, vielmehr erzeugt **psexec** kurzerhand über das Netzwerk einen Dienst, der zum Starten des angegebenen *Befehls* dient und nach dessen Beendigung wieder gelöscht wird.

An dieser Stelle sind nur die wichtigsten Optionen beschrieben. Ein Aufruf des Befehls ohne Parameter liefert Erklärungen zu den umfangreichen Optionen.

Optionen

Computer1[,*Computer2*[,...]] | @*Datei*
> Führt den Befehl auf den angegebenen *Computern* oder den in *Datei* angegebenen Computern aus.

-c
> Kopiert die angegebene Befehlsdatei auf den entfernten Computer. Falls diese Option nicht angegeben wird, muss der verwendete Befehl im Pfad des entfernten Systems liegen. Alternativ kann der volle Pfad zum Befehl lokal zum entfernten System angegeben werden.

-w *Arbeitsverzeichnis*
> Setzt das *Arbeitsverzeichnis* für den Befehl relativ zum entfernten System.

[**-u** *Benutzer* [**-p** *Passwort*]]
> Verwendet nicht den aktuellen, sondern den angegebenen Benutzer. Falls kein *Passwort* angegeben wird, wird es an der Eingabeaufforderung abgefragt.

Anmerkung: psexec und viele weitere mächtige Befehle können bei Microsoft frei heruntergeladen werden: *http://technet.microsoft.com/de-de/sysinternals*.

runas

`runas` [*Optionen*] `/user:`*Benutzername Befehl*

Führt einen Befehl im Kontext des angegebenen Benutzers aus.

Optionen

/Env
> Verwendet die aktuelle Umgebung statt der des angegebenen Benutzers. Dadurch enthält z. B. die Umgebungsvariable %UserProfile%

nicht den Pfad zum Profil des angegebenen, sondern des aufrufenden Benutzers.

/NetOnly

Der angegebene Benutzer muss nur über das Recht zur Anmeldung über das Netzwerk verfügen, nicht über das Recht zur lokalen Anmeldung.

/NoProfile

Lädt das Benutzerprofil des angegebenen Benutzers nicht, was bei einigen Anwendungen zu Fehlern führen kann. Ohne Angabe dieser Option wird das Profil geladen.

/SaveCred

Speichert das Kennwort bei der Eingabe bzw. fragt nicht nach dem Passwort des angegebenen Benutzers, falls das Kennwort zuvor gespeichert wurde. Diese Option ist unter Sicherheitsaspekten bedenklich.

/SmartCard

Verwendet auf einer Smartcard gespeicherte Anmeldeinformationen.

Falls **/NetOnly** nicht angegeben wird, muss der angegebene Benutzer über die Berechtigung zur lokalen Anmeldung verfügen.

Das Passwort des angegebenen Benutzers wird an der Kommandozeile abgefragt. Es ist keine Möglichkeit bekannt, dieses automatisiert zu übergeben (außer der Verwendung von **/SaveCred**), was den Nutzen von **runas** in Skripten stark einschränkt.

`runas /TrustLevel:`*Vertrauensstufe Befehl*

Führt einen Befehl auf der angegebenen *Vertrauensstufe* aus. Dies kann verwendet werden, um als Administrator Programme mit eingeschränkten Rechten zu starten.

`runas /ShowTrustLevels`

Zeigt die definierten Vertrauensstufen an, die für die Option **/TrustLevel** verwendet werden können.

START Alle OS

START [*Fenstertitel*] [*Optionen*] *Befehl Parameter*

Führt einen Befehl aus. Es kann auf Beendigung der Ausführung gewartet werden. Zudem können die Prozesspriorität und die Prozessoraffinität festgelegt werden.

Optionen

/d *Verzeichnis*
> Setzt das Arbeitsverzeichnis für den Befehl.

/b
> Startet den Befehl als einen Hintergrundprozess, erstellt also kein neues Fenster.

/low | **/belownormal** | **/normal** | **/abovenormal** | **/high** | **/realtime**
> Legt die Priorität des neuen Prozesses fest.

/affinity *Prozessor*
> Setzt die Nummer des Prozessors, auf dem der neue Prozess ausgeführt werden soll (als Hex-Zahl).

/wait
> Startet den Befehl und wartet auf dessen Beendigung.

/min | **/max**
> Startet den Befehl in einem minimierten oder maximierten Fenster.

START bietet ab Vista/2008 mehr Optionen als unter den Vorgängerbetriebssystemen.

---

tasklist

```
tasklist [/s System [/u Benutzer [/p [Passwort]]]] [/m [Modul] |
    /svc | /v] [/fi Filter] [/fo Format] [/nh]
```

Zeigt, ähnlich wie der Task-Manager, laufende Prozesse und deren Speichernutzung auf dem angegebenen oder lokalen System an (*Benutzer* und *Passwort* können zur Verbindung angegeben werden). Zusätzlich können die von jedem Prozess geladenen DLLs aufgelistet (**/m**) werden bzw. es kann nach Prozessen gefiltert werden, die ein bestimmtes *Modul* geladen haben. In einem Prozess enthaltene Dienste können angezeigt (**/svc**) oder detailliertere Informationen (**/v**) ausgegeben werden. Mit der Option **/fo** wird das Ausgabeformat festgelegt: tabellarisch (**table**), in Listenform (**list**) oder im CSV-Format (**csv**). **/nh** unterdrückt die Ausgabe von Spaltenüberschriften. Zur Definition von Filtern sei auf die Hilfe des Befehls verwiesen.

---

taskkill

```
taskkill [/fi Filter] [/pid Prozess-ID | /im EXE-Datei] [/s System
    [/u Benutzer [/p [Passwort]]]] [/f] [/t]
```

Beendet einen oder mehrere Tasks lokal oder auf *System*, zu dem unter einem anderen Benutzernamen eine Verbindung hergestellt werden kann.

Die zu beendenden Tasks werden durch ihre PID (*Prozess-ID*) oder den Namen der *EXE-Datei* ausgewählt, alternativ oder zusätzlich kann ein *Filter* angegeben werden, dessen Syntax jener des **tasklist**-Befehls entspricht. **/f** erzwingt das Beenden. Mit **/t** wird der ganze Prozessbaum beendet, also auch die vom angegebenen Prozess gestarteten Kindprozesse. Zur Definition von Filtern sei auf die Hilfe des Befehls verwiesen.

timeit

W2k3RK

timeit [*Optionen*] **-k** *Kategorie Befehl*

Führt den angegebenen *Befehl* aus und misst dessen Laufzeit und einige andere Parameter, die in einer Datenbankdatei unter der angegebenen *Kategorie* gespeichert werden.

Dienste

net continue

AllOS

net continue *Dienst*

Setzt die Ausführung eines angehaltenen Dienstes fort.

net pause

AllOS

net pause *Dienst*

Hält einen laufenden Dienst vorübergehend an.

net start

AllOS

net start [*Dienst*]

Startet einen Dienst. Falls der angegebene Dienstname Leerzeichen enthält, muss er in Anführungszeichen gesetzt werden. Ohne Parameter gibt dieser Befehl die aktiven Dienste mit deren internen Namen aus.

net stop

AllOS

net stop *Dienst*

Beendet den angegebenen Dienst.

`sc [\\`*Server*`]` *Befehl Dienst*

Leistungsstarker Befehl zur Verwaltung von Diensten.

Die Befehle **Start**, **Stop**, **Pause** und **Continue** starten, stoppen etc. den angegebenen Dienst.

Informationen über einen Dienst erhalten Sie über folgende Abfrage-befehle: **GetDisplayName** (beschreibender Name des Dienstes), **Qdescription** (Beschreibung des Dienstes), **GetKeyName** (Registrie-rungsschlüssel des Dienstes, Anzeigename muss angegeben werden), **EnumDepend** (Informationen über Abhängigkeiten des Dienstes), **Query** und **QueryEx** (aktueller Status mit grundlegenden bzw. erweiterten Infor-mationen), **Interrogate** (identisch mit **Query**), **Qc** (Konfigura-tionseinstellungen), **QFailure** (verwendete Aktion bei Prozesstermina-tion), **QFailureFlag** (Art der Fehlerbehandlung), **SDShow** (Anzeige der Berechtigungen im SDDL-Format), **QPrivs** (vom Dienst benötigte Rechte), **QSIDType** (Typ der Dienst-SID) und **ShowSID** (Anzeige der SID eines Dienstes).

Verschiedene Befehle werden zur Konfiguration bzw. Umkonfiguration eines Dienstes verwendet: **Create** (neuen Dienst hinzufügen), **Delete** (Dienst entfernen), **Config** (Konfiguration ändern), **Control** (Steuercode an einen Dienst senden), **Description** (Beschreibung vergeben), **Failure** (Fehler- bzw. Prozessterminationsaktion definieren), **FailureFlag** (Feh-lerflag setzen), **Privs** (vom Dienst benötigte Rechte), **SDSet** (Berechti-gungen setzen) und **SIDType** (SID-Typ ändern).

Mit

`sc Lock | QueryLock`

kann die Dienstdatenbank gesperrt bzw. der Sperrstatus abgefragt wer-den.

Letztlich wird

`sc Boot {ok | bad}`

benutzt, um festzulegen, ob die zuletzt verwendete Neustartkonfigura-tion als letzte als funktionierend bekannte Konfiguration (Last Known Good) gespeichert werden soll.

Berechtigungen und Rechte

acldiag

acldiag `LDAP-Pfad` `[Optionen]`

Zeigt ACLs (Zugriffskontrolllisten) von Objekten im Active Directory an oder vergleicht ACLs mit den im Schema definierten Standardberechtigungen.

auditpol

Konfiguriert die mit Windows Vista eingeführte detaillierte Sicherheitsüberwachung. Im Folgenden werden die wichtigsten Einsatzmöglichkeiten dieses Befehls aufgezeigt. Für eine vollständige Übersicht sei auf die Windows-Hilfe verwiesen.

auditpol /clear

Löscht alle konfigurierten Sicherheitsüberwachungseinstellungen.

auditpol /remove [/user:`Benutzer` **| /allusers]**

Löscht Sicherheitsüberwachungseinstellungen für einen (per Name oder SID) angegebenen oder für alle Benutzer.

auditpol /get /category:*

Listet die aktuellen Überwachungseinstellungen für alle Kategorien und Unterkategorien auf.

auditpol /list /subcategory:* **[/v]**

Gibt die Namen aller verfügbaren (Unter-)Kategorien aus. Bei Verwendung von **/v** wird zusätzlich die GUID jeder Kategorie angezeigt.

auditpol /set /subcategory:`Unterkategorie` **[/success:{enable | disable}] [/failure:{enable | disable}]**

Konfiguriert die detaillierte Sicherheitsüberwachung für eine Unterkategorie. Erfolgreiche und fehlgeschlagene Objektzugriffsversuche können unabhängig voneinander aktiviert oder deaktiviert werden.

auditpol /backup /file:`Datei`

Sichert alle konfigurierten Sicherheitsüberwachungseinstellungen in die angegebene *Datei*.

```
auditpol /restore /file:Datei
```

Stellt alle Sicherheitsüberwachungseinstellungen aus der angegebenen *Datei* wieder her.

Anmerkung: Dieser Befehl ist die stark weiterentwickelte Version des gleichnamigen, im Windows 2000 Resource Kit enthaltenen Programms.

cacls, xcacls, xcacls.vbs   W2k3ST, WWW

Diese Befehle zum Auslesen und Setzen von ACLs gelten als veraltet, sind teilweise fehlerhaft und sollten daher zumindest zum Setzen der ACLs nicht mehr verwendet werden. Die seit Vista/2008 enthaltene Version von **cacls** rät beim Aufruf genau dazu. Als Ersatz sollte ab Vista/2008 **icacls** und unter älteren Betriebssystemen z. B. **setacl** verwendet werden. Daher werden die obigen Befehle in dieser Ausgabe nicht mehr im Detail beschrieben.

dsacls   W2k3ST, W2k8, W2k8R2

```
dsacls Objekt-DN [Optionen] [/user:Benutzer /passwd:Passwort]
```

Zeigt bzw. verändert die ACL von Active Directory-Objekten. Das Objekt wird mit seinem Distinguished Name angegeben und kann optional einen Servernamen enthalten, der auf einen bestimmten Domänencontroller verweist. Ohne Angabe von Optionen wird die ACL des angegebenen Objekts ausgegeben. Die Verbindung zum Server kann optional unter einem anderen *Benutzer* hergestellt werden.

Optionen

/a
> Gibt zusätzlich zu den Berechtigungen Besitzer und Überwachungseinstellungen aus.

/d | /g *Benutzer-oder-Gruppenliste*:*Berechtigungen*
> Vergibt (/g) oder verweigert (/d) den angegebenen Benutzern oder Gruppen die angegebenen Berechtigungen. Die Namen werden in folgender Form angeführt: *Name@Domäne* oder *Domäne\Name*.

> *Berechtigungen* werden in einer komplexen Syntax angegeben; weitere Informationen erhalten Sie in der Hilfe. In der einfachsten Form werden diese mit zwei hintereinanderstehenden Buchstaben angeführt: **GR** (Lesen), **GE** (Ausführen), **GW** (Schreiben), **GA** (Alles), **SD** (Löschen), **DT** (Löschen des Objekts inkl. der untergeordneten

Objekte), **RC** (Lesen der Berechtigungen), **WD** (Ändern der Berechtigungen), **WO** (Besitzer ändern), **LC** (untergeordnete Objekte auflisten), **CC** (Erstellen von untergeordneten Objekten), **DC** (Löschen von untergeordneten Objekten), **WS** (auf sich selbst schreiben), **RP** (Eigenschaften lesen), **WP** (Eigenschaften schreiben), **CA** (Zugriffsrecht) und **LO** (Zugriff anzeigen).

/r *Benutzer-oder-Gruppenliste*
Entfernt alle Einträge der angegebenen Benutzer oder Gruppen.

/n
Ersetzt die aktuelle ACL des Objekts, anstatt sie zu bearbeiten.

/p:{**y** | **n**}
Protection: Schützt (**y**) das Objekt vor Vererbung vom Elternobjekt bzw. aktiviert (**n**) die Vererbung. Ohne Angabe von **/p** werden keine Veränderungen an dieser Einstellung vorgenommen.

/i:*c*
Definiert die Vererbung der angegebenen Berechtigungen. Zur Auswahl stehen **t** (dieses Objekt und untergeordnete Objekte), **p** (nur Objekte eine Ebene darunter) und **s** (nur untergeordnete Objekte).

/s [**/t**]
Setzt die Sicherheitseinstellung des Objekts wieder auf den im Schema definierten Ursprungszustand der Objektklasse zurück. **/t** gibt an, dass sich der Befehl rekursiv auf alle untergeordneten Objekte im Baum auswirkt.

/resetDefaultDACL
Setzt die Berechtigungen (DACL) des Objekts wieder auf den im Schema definierten Ursprungszustand der Objektklasse zurück.

/resetDefaultSACL
Setzt die Überwachungseinstellungen (SACL) des Objekts wieder auf den im Schema definierten Ursprungszustand der Objektklasse zurück.

/takeOwnership
Übernimmt den Besitz an dem Objekt.

icacls

W2k3SP2, Vista, W2k8, 7, W2k8R2

Ersetzt die veralteten Befehle zur Verwaltung von Berechtigungen **cacls** und **xcacls**. **icacls** kann Berechtigungen sichern und wiederherstellen sowie die mit Windows Vista eingeführten Integritätsstufen setzen. Die allgemeine Syntax lautet:

icacls *Pfad* **/grant**[**:r**] *SID1:Berechtigung1* [*SID2:Berechtigung2*]

Gewährt die angegebenen Berechtigungen. Zum Format siehe den Abschnitt *Optionen*. **:r** ersetzt alle nicht vererbten Berechtigungen für *SID* durch die angegebenen Berechtigungen. Anstelle der SID kann in den meisten Aufrufen auch der Benutzername eingesetzt werden.

icacls *Pfad* **/deny** *SID1:Berechtigung1* [*SID2:Berechtigung2*]

Verweigert die angegebenen Berechtigungen. Zum Format siehe den Abschnitt *Optionen*.

icacls *Pfad* **/remove**[**:g**|**:d**] *SID1* [*SID2*]

Entfernt alle nicht vererbten gewährten (**:g**), verweigerten (**:d**) oder beide Typen von Berechtigungen für die angegebenen *SIDs*.

icacls *Pfad* **/setintegritylevel** *Integritätsebene*

Setzt die *Integritätsebene* (Format: siehe *Optionen*).

icacls *Pfad Befehl Parameter* [*Optionen*]

Wendet einen *Befehl* (mit *Parametern*) auf die im *Pfad* angegebenen Dateien oder Verzeichnisse an. Der Pfad kann Wildcards (* und ?) enthalten.

icacls *Pfad* **/save** *Datei* [*Optionen*]

Sichert die ACLs der angegebenen Dateien und Verzeichnisse in *Datei*.

icacls *Pfad* **/restore:***Datei* [**/substitute** *SIDalt SIDneu*] [*Optionen*]

Wendet die in *Datei* mittels **save** gesicherten ACLs auf die angegebenen Dateien und Verzeichnisse an. Dabei können mehrere Paare von SIDs angegeben werden, von denen jeweils *SIDalt* durch *SIDneu* ersetzt wird.

icacls *Pfad* **/setowner** *SID* [*Optionen*]

Setzt den Besitzer auf *SID*.

icacls *Pfad* **/findsid** *SID* [*Optionen*]

Gibt diejenigen Dateien und Verzeichnisse in *Pfad* aus, deren ACL einen Eintrag für *SID* enthält.

icacls *Pfad* **/verify** [*Optionen*]

Überprüft die ACLs und gibt Dateien/Verzeichnisse mit ungültigen Einträgen aus.

icacls *Pfad* **/reset** [*Optionen*]

Aktiviert die Vererbung von übergeordneten Objekten und entfernt Berechtigungen, die direkt auf die in *Pfad* angegebenen Objekte gesetzt sind.

Optionen

/c

Der Vorgang wird auch bei Fehlern fortgesetzt.

/l

Der Vorgang wird sowohl für einen symbolischen Link als auch für dessen Ziel durchgeführt.

/q

Unterdrückt Erfolgsmeldungen, beschränkt die Ausgabe auf Fehler.

/t

Der Vorgang wird rekursiv für alle unterhalb des angegebenen Pfads liegenden Dateien und Verzeichnisse ausgeführt, deren Name auf das im Pfad angegebene Suchmuster passt.

[(*Vererbung1*)][(*Vererbung2*)](*Berechtigung1,Berechtigung2,...*)

Berechtigungen können als einfache oder spezifische Rechte angegeben werden: **f** (Voll), **m** (Ändern), **rx** (Lesen und Ausführen), **r** (Lesen), **w** (Schreiben) sowie **d** (Löschen), **rc** (Lesesteuerung), **wdac** (DAC schreiben), **wo** (Besitzer schreiben), **s** (Synchronisieren), **as** (Systemsicherheitszugriff), **ma** (Maximal zulässig), **gr** (Allgemeiner Lesezugriff), **gw** (Allgemeiner Schreibzugriff), **ge** (Allgemeiner Ausführungszugriff), **ga** (Allgemeiner Vollzugriff), **rd** (Daten lesen/Verzeichnis auflisten), **wd** (Daten schreiben/Datei hinzufügen), **ad** (Daten anfügen/Unterverzeichnis hinzufügen), **rea** (Erweiterte Attribute lesen), **wea** (Erweiterte Attribute schreiben), **x** (Ausführen/Durchsuchen), **dc** (Untergeordnetes Element löschen), **ra** (Attribute lesen), **wa** (Attribute schreiben).

Vererbungs-Optionen spezifizieren, wie die Berechtigungen auf einem Verzeichnis an darin enthaltene Dateien und Unterverzeichnisse weitergegeben werden sollen: **oi** (an Objekte/Dateien), **ci** (an Container/Verzeichnisse), **io** (nur vererben, nicht auf das Verzeichnis selbst anwenden), **np** (nicht vererben, nur auf das Verzeichnis selbst anwenden).

SID

Gibt einen Benutzer oder eine Gruppe an, entweder durch den Namen oder durch die SID.

[(*Vererbung1*)][(*Vererbung2*)]*Integritätsebene*

Spezifiziert einen Integritäts-ACE, dessen Vererbung wie beim Setzen von Berechtigungen angegeben werden kann. Mögliche Integritätsebenen: Niedrig (**l**[**ow**]), Mittel (**m**[**edium**]), Hoch (**h**[**igh**]).

ntrights

ntrights {**+r** | **-r**} *Recht* **-u** *Benutzer/Gruppe* [**-m** *\\System*]

Erteilt (+) oder entzieht (–) dem angegebenen Benutzer bzw. der Gruppe ein *Recht* auf dem lokalen oder angegebenen System.

Das Benutzerrecht wird in seinem internen Namen angegeben (auf Groß- und Kleinschreibung achten).

permcopy

permcopy *\\Quellserver Freigabe* *\\Zielserver Freigabe*

Kopiert die Berechtigungen von der Quell- zur Zielfreigabe.

Anmerkung: robocopy ist ein wesentlich leistungsfähigeres Kopier-Tool.

perms

perms [*Optionen*] *Benutzer Dateien*

Zeigt die Berechtigungen des angegebenen Benutzers auf die angegebenen Verzeichnisse und Dateien an.

sdcheck

sdcheck *Server Objekt* [*Optionen*]

Zeigt den Inhalt des Security Descriptors (SD) eines Active Directory-Objekts an.

setacl

setacl -on *Objektname* **-ot** *Objekttyp* [**-actn** *Aktion Parameter*] [*Optionen*]

Leistungsfähiges Tool zum Setzen und Verwalten von Berechtigungen im Dateisystem, der Registrierung, auf Dienste, Freigaben und Drucker (*http://setacl.sourceforge.net*).

Eine oder mehrere *Aktionen* legen fest, was das Programm tut. Zu jeder Aktion gehören ein oder mehrere *Parameter*, die die Aktion näher spezifizieren. Zusätzlich können allgemeine *Optionen* angegeben werden.

Der Pfad bzw. Name des zu bearbeitenden Objekts wird in *Objektname* angegeben. Je nach Typ des Objekts kann dies ein Dateisystempfad (C:\

Verzeichnis oder \\Server\Freigabe\Verzeichnis), ein Registrierungs-
schlüssel ([\\Server\]HKLM\Schlüssel), ein Dienstname ([\\Server\]
Dienst), ein Drucker ([\\Server\]Drucker) oder eine Freigabe (\\Server \
Freigabe) sein. *Objekttyp* kann einen der folgenden Werte annehmen: *file*
(Datei/Verzeichnis), *reg* (Registrierungsschlüssel), *srv* (Dienst), *prn* (Dru-
cker), *shr* (Freigabe).

Folgende *Aktionen* werden unterstützt:

ace

> Verarbeitet die mittels des Parameters **-ace** angegebenen ACEs (Ac-
> cess Control Entries). Dient zum Hinzufügen bzw. Entfernen von
> Berechtigungs- oder Überwachungseinträgen.

trustee

> Kopiert, ersetzt oder löscht alle ACEs der angegebenen Trustees (Be-
> nutzer/Gruppe). Ein oder mehrere Trustees werden mit dem Para-
> meter **-trst** angegeben.

domain

> Ähnlich wie **trustee**, verarbeitet jedoch alle ACEs einer mit **-dom** an-
> gegebenen Domäne.

list

> Anzeige gesetzter Berechtigungen. Das Verhalten wird durch den Pa-
> rameter **-lst** gesteuert. Mit **-bckp** kann eine Backup-Datei angegeben
> werden, die das Listing aufnimmt. Sofern es im SDDL-Format er-
> zeugt wurde, können die Berechtigungen mit der Aktion **restore**
> wiederhergestellt werden.

restore

> Stellt vollständige SDs (Security Descriptors) aus einer mit **-bckp** an-
> gegebenen Datei wieder her, die im SDDL-Format vorliegen muss.

setowner

> Setzt den Eigentümer des Objekts. Dies kann ein beliebiger Trustee
> (Benutzer/Gruppe) sein, nicht nur Administratoren.

clear

> Löscht alle nicht vererbten (direkt auf das Objekt gesetzten) ACEs.
> Wird durch den Parameter **-clr** gesteuert.

setprot

> Setzt die Protection-Eigenschaft des Objekts, die festlegt, ob vererb-
> bare Berechtigungen übergeordneter Objekte auf dieses Objekt an-
> gewendet werden. Steuerung durch den Parameter **-op**.

rstchldrn

Setzt die Berechtigungen aller Kindobjekte zurück und deaktiviert deren Protection-Eigenschaft, um die Vererbung im ganzen Baum zu aktivieren. Steuerung durch den Parameter **-rst**.

Optionen und Parameter

-ace *"n:Trustee;p:Berechtigung;s:IsSID;i:Vererbung;m:Modus;w:Wo"*

Setzt *Berechtigung* für *Trustee*. *IsSID* (**y** | **n**) gibt an, ob der Trustee durch die SID statt durch den Namen spezifiziert wurde. Optional kann die Art der *Vererbung* als Kombination (durch Komma getrennt) der folgenden Werte angegeben werden: **so** (Unterobjekte), **sc** (Untercontainer), **np** (keine Vererbung), **io** (nur vererben – keine Auswirkung auf das angegebene Objekt). *Modus* gibt an, ob die Berechtigung gesetzt (**set**), verweigert (**deny**) oder entzogen (**revoke**) werden soll. Handelt es sich um einen Eintrag in der SACL (Überwachungs-ACL), erzeugt **aud_succ** einen Audit-Success-ACE, **aud_fail** dagegen einen Audit-Failure-ACE. *Wo* gibt schließlich an, ob die DACL (**dacl**), SACL (**sacl**) oder beide (**dacl,sacl**) bearbeitet werden sollen.

-trst *"n1:Trustee;n2:Trustee;s1:IsSID;s2:IsSID;ta:TrusteeAction;w:Wo"*

Je nach *TrusteeAction* werden alle ACEs eines bei **n1** angegebenen Trustees gelöscht (**remtrst**), durch den bei **n2** angegebenen Trustee ersetzt (**repltrst**) oder kopiert (**cpytrst**).

-dom *"n1:Domain;n2:Domain;da:DomainAction;w:Wo"*

Entspricht **-trst**, bearbeitet jedoch die ACEs aller Trustees einer Domäne. *DomainAction* kann die Werte **remdom** (Löschen), **repldom** (Ersetzen) und **cpydom** (Kopieren) annehmen. Beim Ersetzen und Kopieren wird die im ACE enthaltene SID zunächst zum Namen des Trustees aufgelöst. Dieser Name wird dann in der bei **n2** angegebenen Domäne gesucht, und der gefundene Trustee dieses Namens wird in den ACE eingetragen.

-rec *Rekursion*

Gibt an, dass das Dateisystem bzw. die Registrierung rekursiv durchlaufen werden soll. Durch die Vererbungsmechanismen wird dies selten benötigt, meist für die List-Funktion. Bei der Rekursion können Container (**cont**), Objekte (**obj**) oder beide (**cont_obj**) verarbeitet werden.

-op *"dacl:Protection;sacl:Protection"*

Setzt die Protection-Eigenschaft des Objekts getrennt nach DACL und SACL auf einen der folgenden Werte: **nc** (keine Änderung), **np** (nicht geschützt, Vererbung aktiviert), **p_c** (geschützt, vererbbare ACEs des Elternobjekts werden kopiert), **p_nc** (geschützt, Objekt erhält eine leere ACL).

-lst *"f:Format;w:Was;i:ListInherited;s:DisplaySID"*
Legt das Verhalten des List-Befehls fest. Das Listing kann in einem der folgenden *Formate* erzeugt werden: **csv** (kommasepariert), **tab** (gut lesbar), **SDDL** (standardisiert, enthält den vollständigen SD). *Was* ist eine durch Komma getrennte Liste der Elemente des SD, die angezeigt werden sollen: **d** (DACL), **s** (SACL), **o** (Besitzer), **g** (Primäre Gruppe). *ListInherited* (**y** | **n**) gibt an, ob auch vererbte ACEs angezeigt werden sollen. *DisplaySID* legt fest, ob Trustees als Namen (**n**), SIDs (**y**) oder beides (**b**) angezeigt werden.

Weitere Optionen sind in der Kommandozeilenhilfe beschrieben.

showpriv W2k3RK

showpriv *Recht*

Zeigt alle Inhaber des angegebenen Benutzerrechts an. Das Benutzerrecht muss mit seinem internen Namen angesprochen werden (auf Groß- und Kleinschreibung achten).

subinacl W2k3RK

subinacl [**/testmode**] */Typ Einträge /Aktion*

Ändert die ACLs des angegebenen Eintrags. Die Option **/testmode** gibt die Aktion an, die im Testlauf durchgeführt werden soll. Dieser Befehl kann nicht auf DFS-Datenträger angewandt werden.

/Typ gibt den Objekttyp des Eintrags an: **/file**, **/share**, **/subdirectories**, **/keyreg** und **/subkeyreg** (Registrierungskeys mit oder ohne Rekursion), **/service**, **/printer** und **/kernelobject**.

/Aktion gibt an, was mit der bestehenden ACL geschehen soll.

Anmerkung: subinacl hat Probleme mit dem seit Windows 2000 geänderten Berechtigungsmodell, insbesondere mit der Vererbung von Berechtigungen (siehe dazu den Artikel 295865 der Microsoft Knowledge Base). Eine Alternative stellt das deutlich leistungsfähigere Open Source-Tool **setacl** dar.

takeown

takeown [**/s** *Computer* [**/u** *Benutzer* [**/p** [*Passwort*]]]] **/f** *DateiMuster*
   [**/a**] [**/r** [**/d** {**j** | **n**}]]

Übernimmt den Besitz von Dateien auf *Computer*. Falls angegeben, wird
der Befehl unter dem angegebenen Benutzerkonto ausgeführt. *DateiMuster* kann ein Datei- oder Verzeichnisname inklusive eines Sterns als Wildcard sein. **/a** weist den Besitz der Gruppe Administratoren statt dem
angemeldeten Benutzer zu. **/r** wendet den Befehl rekursiv an. Falls der
Benutzer nicht die nötigen Berechtigungen zum Anzeigen eines Verzeichnisses hat, kann mit **/d j** immer der Besitz übernommen und mit **/d n** die
Ausführung abgebrochen werden.

Systemdiagnose und -information

dmdiag

dmdiag [**-f** *Datei*] [**-v**]

Erstellt eine (bei Verwendung von **-v** sehr detaillierte) Aufstellung von
Festplatteninformationen, die optional (**-f**) in eine Datei geschrieben
werden können.

driverquery

driverquery [**/s** *System* [**/u** *Benutzer* [**/p** [*Passwort*]]]] [**/fo** *Format*]
   [**/nh**] [**/si**] [**/v**]

Zeigt Informationen über installierte Gerätetreiber auf *System* an, zu
dem mit dem angegebenen Benutzer/Passwort eine Verbindung hergestellt wird.

Optionen

/fo {**table** | **list** | **csv**}
   Legt das Ausgabeformat fest.

/nh
   Lässt die Spaltenüberschriften weg.

/si
   Zeigt Informationen über die Signatur von Treibern an.

/v
   Detaillierte Ausgabe, nicht gültig in Verbindung mit **/si**.

eventcreate

eventcreate [**/s** *Computer* [**/u** *Benutzer* [**/p** *Passwort*]]] **/d** *Text*
   /id *EreignisID* **/t** *Typ*

Schreibt einen Eintrag vom *Typ* **error, warning** oder **information** in das
Ereignisprotokoll des lokalen oder angegebenen Computers.

Optionen

/so *Quelle*
   Gibt die Quelle in Form einer Zeichenkette an. Sollte dieser Parameter nicht spezifiziert werden, wird »EventCreate« als Quelle eingesetzt.

/l *Eventlog*
   Spezifiziert, in welchem Protokoll das Ereignis erstellt wird: **application** oder **system**.

eventquery.vbs

eventquery.vbs [**/s** *Computer* [**/u** *Benutzer* **/p** *Passwort*]] [*Optionen*]

Listet diejenigen Ereignisse auf, die den angegebenen Kriterien entsprechen.

eventtriggers

eventtriggers *Optionen* [**/s** *Computer* [**/u** *Benutzer* **/p** *Passwort*]]

Anzeige und Konfiguration von Ereignisauslösern auf dem lokalen oder
angegebenen Computer. Ereignisauslöser (Event Triggers) führen beim
Auftreten definierter Ereignisse im Ereignisprotokoll vorher festgelegte
Aktionen aus.

getmac

getmac [**/s** *Computer* [**/u** *Benutzer* [**/p** [*Passwort*]]]] [*Optionen*]

Zeigt die MAC-Adressen der Netzwerkkarten des angegebenen Rechners
an.

Optionen

/fo {**table** | **list** | **csv**}
   Legt das Ausgabeformat fest.

/nh

Lässt die Spaltenüberschriften weg.

/v

Liefert ausführlichere Informationen, z. B. den Namen jeder Karte.

ktmutil

Verwaltet Kernel-Transaktionen (typischerweise im Bereich der Registry oder des Dateisystems).

```
ktmutil tm {list | info} [GUID]
ktmutil tx {list | info | force | forget}[GUID] ...
```

Dient zur Kontrolle der Transaktionsmanager (**tm**) oder laufender Transaktionen (**tx**).

Weitere Optionen zur Beeinflussung von Transaktionen entnehmen Sie bitte der Hilfe des Befehls.

logman

Verwaltet Sammlungen (ab Vista) bzw. Leistungsindikatorenprotokolle (unter XP und Server 2003).

```
logman create Typ -n Name [Optionen]
```

Erstellt eine neue Sammlung des angegebenen Namens vom *Typ* **counter** (Leistungsindikator), **trace** (Ablaufverfolgung), **alert** (Warnung), **cfg** (Konfiguration) oder **api** (API-Ablaufverfolgung).

```
logman query [providers | -n Name] [Optionen]
```

Fragt Eigenschaften von Sammlungen ab. Falls **providers** angegeben ist, werden die registrierten Anbieter ausgegeben. Falls *Name* nicht angegeben ist, werden alle Sammlungen aufgeführt.

```
logman start -n Name [-as] [Optionen]
```

Startet eine bestehende Sammlung und setzt die Startzeit auf manuell. **-as** legt fest, dass der Vorgang asynchron ausgeführt wird.

```
logman stop -n Name [-as] [Optionen]
```

Beendet eine bestehende Sammlung und setzt die Endzeit auf manuell. **-as** legt fest, dass der Vorgang asynchron ausgeführt wird.

```
logman delete -n Name [Optionen]
```

Löscht eine bestehende Sammlung.

`logman update` *Typ* **-n** *Name* [*Optionen*]

Ändert die Eigenschaften der vorhandenen Sammlung *Name* vom *Typ* **counter** (Leistungsindikator), **trace** (Ablaufverfolgung), **alert** (Warnung), **cfg** (Konfiguration) oder **api** (API-Ablaufverfolgung).

`logman import` **-n** *Name* **-xml** *Datei* [*Optionen*]

Importiert einen Sammlungssatz unter dem angegebenen Namen aus der angegebenen Datei.

`logman export` **-n** *Name* **-xml** *Datei* [*Optionen*]

Exportiert den angegebenen Sammlungssatz in die angegebene XML-Datei.

Optionen für alle Befehlsvarianten

-s *Computer*
Statt des lokalen Systems wird der angegebene Computer angesprochen.

-config *Datei*
Kommandozeilenparameter werden der angegebenen Datei entnommen.

-ets
Sendet die Befehle direkt an die Ablaufverfolgungssitzung, ohne die Sammlung zu speichern oder zu planen.

Optionen zu logman create und logman update

-b *tt.mm.yyyy hh:mm:ss*
Startet die Datensammlung zur angegebenen Zeit.

-e *tt.mm.yyyy hh:mm:ss*
Beendet die Datensammlung zur angegebenen Zeit.

-rf [[*hh:*]*mm:*]*ss*
Dauer der Datensammlung. Kann anstelle von **-e** verwendet werden.

-m [**start**] [**stop**]
Der Start bzw. Stopp der Datensammlung erfolgt manuell, nicht zeitgesteuert. Die Parameter **-b** bzw. **-e** dürfen nicht gleichzeitig angegeben werden.

-[-]r
Wiederholt die Datensammlung täglich zur gleichen Zeit. Ein doppeltes Minuszeichen deaktiviert die Wiederholung.

-o *Verzeichnis* | *DSN!Log-Name*

Gesammelte Daten werden in das angegebene Verzeichnis (Dateiname: *Name*.blg) oder die angegebene SQL-Datenbank geschrieben.

-[-]a

Hängt die Ausgabe an die Protokolldatei an, anstatt sie zu überschreiben. Ein zweites Minuszeichen deaktiviert diese Option.

-[-]ow

Überschreibt eine existierende Protokolldatei. Ein zweites Minuszeichen deaktiviert diese Option.

-[-]v {*nnnnnn* | *mmddhhmm*}

Hängt die angegebene Versionsnummer oder das angegebene Datum an den Dateinamen der Ausgabedatei an. Ein zweites Minuszeichen deaktiviert diese Option.

-[-]rc *Befehl*

Führt *Befehl* nach Beendigung der Protokollierung aus.

-max *Wert*

Maximalgröße der Ausgabedatei in MByte oder maximale Anzahl an Datensätzen in der SQL-Datenbank. **--max** hebt die Beschränkung auf.

-cnf [[*hh*:]*mm*:]*ss*

Erstellt eine neue Ausgabedatei, wenn die Maximalgröße erreicht wurde oder die angegebene Zeitspanne verstrichen ist. Muss zusammen mit **-v** verwendet werden. **--cnf** deaktiviert diese Option.

-y

Beantwortet alle Fragen mit Ja.

Optionen zu logman update

-si [[*hh*:]*mm*:]*ss*

Gibt das Datensammlungsintervall an.

-f {**bin** | **bincirc** | **csv** | **tsv** | **sql**}

Ausgabeformat: binär, zirkulär binär, komma- oder tabulatorsepariert, SQL-Datenbank.

-sc *Wert*

Maximale Anzahl an Datensätzen, die mit der Sammlung gesammelt werden sollen.

-bs *Wert*

Puffergröße in KByte für eine Ereignisablaufverfolgungssitzung.

-nb *min max*
Anzahl der Puffer für Ablaufverfolgungssitzungen.

-ct {**perf** | **system** | **cycle**}
Uhrtyp: Leistung, System oder Zyklus.

-ln *Logger-Name*
Name des Erstellers der Sammlung.

-ft [[*hh:*]*mm:*]*ss*
Leerungszeitgeber für Ablaufverfolgungssitzungen.

-p *Provider* [*Schlüsselwörter* [*Ebene*]]
Ein einzelner zu aktivierender Ablaufverfolgungsprovider.

-pf *Datei*
Datei mit einer Liste der zu aktivierenden Ablaufverfolgungsprovider.

-c *Leistungsindikator1 Leistungsindikator2* [...] | **-cf** *Datei*
Spezifiziert die Leistungsindikatoren, deren Daten gesammelt werden. Diese können alternativ aus einer Datei gelesen werden, die einen Eintrag pro Zeile enthält.

-[-]rt
Verwendet den Echtzeitmodus für die Ereignisablaufverfolgung.

-[-]ul
Führt die Ablaufverfolgung im Benutzermodus aus.

-mode *Modus*
Protokollierungsmodus bei der Ablaufverfolgung.

-[-]el
Aktiviert oder deaktiviert die Ereignisprotokollierung.

-[-]ni
Aktiviert oder deaktiviert die Abfrage der Netzwerkschnittstelle.

-th *Grenzwert1 Grenzwert2* [...]
Leistungsindikatoren-Schwellenwerte, ab denen eine Warnung erzeugt wird.

-[-]rdcs *Name*
Sammlung, die gestartet wird, wenn die Warnung ausgelöst wird.

-[-]tn *Name*
Task, der ausgeführt wird, wenn die Warnung ausgelöst wird.

-[-]targ *Name*
Argumente für den mittels **-tn** festgelegten geplanten Task.

-reg *Pfad1 Pfad2* [...]
> Zu sammelnde Registrierungswerte.

-mgt *Abfrage1 Abfrage2* [...]
> Zu sammelnde WMI-Objekte, angegeben als WMI-Abfragen.

-ftc *Pfad1 Pfad2* [...]
> Zu sammelnde Dateien.

-mods *Pfad1 Pfad2* [...]
> Liste von Modulen, deren API-Aufrufe protokolliert werden sollen.

-inapis *Modul1!API1 Modul2!API2* [...]
> Liste von API-Aufrufen, die in die Protokollierung einbezogen werden sollen.

-exapis *Modul1!API1 Modul2!API2* [...]
> Liste von API-Aufrufen, die von der Protokollierung ausgeschlossen werden sollen.

-[-]ano
> Nur API-Namen protokollieren (das zweite Minus kehrt die Bedeutung um).

-[-]recursive
> APIs über die erste Ebene hinaus protokollieren.

-exe *Pfad*
> Pfad zur ausführbaren Datei für die API-Ablaufverfolgung.

Anmerkung: Die Möglichkeiten zur Sammlung von Leistungs- und sonstigen Daten wurden seit Vista/2008 stark erweitert – entsprechend umfangreicher sind die Optionen dieses Befehls. Hier ist die Windows 7/2008-Version beschrieben.

netdiag
W2k3ST

`netdiag` [*Optionen*]

Testet die korrekte Funktion der Netzwerkdienste des lokalen Systems.

relog
XP, W2k3, Vista, W2k8, 7, W2k8R2

`relog` *Datei1 Datei2* [*Optionen*]

Konvertiert Daten aus Leistungsindikatorprotokolldateien in andere Formate.

Optionen

-a
> Hängt an die Ausgabedatei an, anstatt sie zu überschreiben.

-c *Leistungsindikator1 Leistungsindikator1*   **-cf** *Datei*
> Spezifiziert die Leistungsindikatoren, deren Daten konvertiert werden. Diese können alternativ aus einer Datei gelesen werden, die einen Eintrag pro Zeile enthält.

-f {**bin** | **csv** | **tsv** | **sql**}
> Ausgabeformat: binär, komma- oder tabulatorsepariert, SQL-Datenbank.

-t *n*
> Jeder *n*-te Messpunkt wird konvertiert (Standard: jeder).

-o *Ausgabedatei* | *DSN!Log-Name*
> Konvertierte Daten werden in die angegebene Datei oder die angegebene SQL-Datenbank geschrieben.

-b *tt.mm.yyyy hh:mm:ss*
> Daten werden ab diesem Sammelzeitpunkt konvertiert.

-e *tt.mm.yyyy hh:mm:ss*
> Daten werden bis zu diesem Sammelzeitpunkt konvertiert.

-config *Datei*
> Kommandozeilenparameter werden der angegebenen Datei entnommen.

-q
> Listet die Leistungsindikatoren und Zeitintervalle der Sammlung aus den Protokolldateien auf.

-y
> Beantwortet alle Fragen mit Ja.

systeminfo
XP, W2k3, Vista, W2k8, 7, W2k8R2

systeminfo [**/s** *System* [**/u** *Benutzer* [**/p** *Passwort*]]]] [**/fo** {**table** | **list** | **csv**}] [**/nh**]

Ermittelt detaillierte Informationen zur Systemkonfiguration (inklusive installierter Patches) für ein entferntes *System* oder den lokalen Computer und schreibt diese an die Standard-Ausgabe. Zum Zugriff auf *System* kann ein Benutzername und Passwort angegeben werden. Wird Letzteres weggelassen, werden diese Informationen abgefragt.

Optional kann das Ausgabeformat auf tabellarisch (**table**), Liste (**list**, Standard) oder **csv** eingestellt werden. Bei Angabe von **/nh** werden die Spaltenüberschriften weggelassen.

typeperf

typeperf *Leistungsindikator1 Leistungsindikator2* [...]

Zeigt den aktuellen Wert der angegebenen Leistungsindikatoren an und aktualisiert diese bis zum Abbruch mittels STRG+C. Die Leistungsindikatoren werden im folgenden Format angegeben: [*Server*]*Objekt*\ *Leistungsindikator*.

typeperf -qx [*Objekt*]

Zeigt die installierten Leistungsindikatoren an, ggf. beschränkt auf jene des angegebenen Objekts.

Informationen zu den weiteren Optionen dieses Befehls erhalten Sie mit **typeperf** /?.

w32tm

Konfiguration, Diagnose und Überwachung des Windows-Zeitdienstes.

w32tm /monitor [**/domain:**ature*DomänenName*] [**/computers:**image*ComputerName1*, *ComputerName2*]

Überwacht die lokale oder angegebene Domäne bzw. die angegebenen Computer.

w32tm /ntte *Systemzeit*

Wandelt eine Windows-Systemzeit (Format: 100-ns-Intervalle seit dem 01.01.1601) in ein lesbares Format um.

w32tm /ntpte *Systemzeit*

Wandelt eine Windows-Systemzeit (Format: 2^{-32}-s-Intervalle seit dem 01.01.1900) in ein lesbares Format um.

w32tm /resync [**/computer:**image*ComputerName*] [**/nowait**] [**/rediscover**]

Veranlasst eine Zeitsynchronisation des lokalen oder angegebenen Computers. **/nowait** wartet nicht auf die Beendigung des Vorgangs. **/rediscover** führt vor der Synchronisation eine erneute Ermittlung der Netzwerkkonfiguration durch.

```
w32tm /stripchart /computer:ComputerName [/period:Intervall]
    [/dataonly] [/samples:AnzahlMesspunkte] [/packetinfo] [/ipproto-
    col:{4|6}]
```

Vergleicht die Zeitdifferenz zwischen dem lokalen und dem angegebenen Computer alle *Intervall* Sekunden, bis mit STRG+C abgebrochen wird oder *AnzahlMesspunkte* gesammelt wurden. **/dataonly** unterdrückt die Ausgabe einer »grafischen« Darstellung der Zeitdifferenz. /packetinfo gibt die NTP-Paketantwortmeldung aus, /ipprotocol legt das zu verwendende IP-Protokoll fest.

```
w32tm /config [/computer:ComputerName] [/update] [/manualpeerlist:
    ComputerName1 ComputerName2] [/syncfromflags:Quelle] [/reliable:
    {yes|no}]
```

Ändert die Konfiguration des Zeitdienstes des lokalen oder angegebenen Computers. **/update** benachrichtigt den Zeitdienst von der geänderten Konfiguration, so dass diese wirksam wird. **/manualpeerlist** erlaubt die Angabe mehrerer Computer, mit denen synchronisiert werden soll. *Quelle* legt fest, nach welchem System synchronisiert wird: **manual** zur Verwendung der Peer-Liste, **domhier** zur Synchronisation gemäß der Domänenhierarchie. Der Parameter /reliable bestimmt im Fall der Ausführung auf einem Domänencontroller, ob dieser eine Zeitquelle ist.

```
w32tm /tz
```

Zeigt die Zeitzoneneinstellungen an.

```
w32tm /dumpreg [/computer:ComputerName]
```

Gibt die Registrierungswerte des Zeitdienstes des lokalen oder angegebenen Computers aus.

```
w32tm /query [/computer:ComputerName] {/source | /configuration |
    /peers | /status} [/verbose]
```

Zeigt Informationen des Zeitdienstes auf dem lokalen oder angegebenen Computer an. **/source** gibt die Synchronisationsquelle aus, **/configuration** die Konfiguration des Dienstes, /peers eine Liste der Peers und **/status** den aktuellen Status. **/verbose** schließlich aktiviert die ausführliche Ausgabe.

Anmerkung: Dieser Befehl bietet seit Vista/2008 mehr Optionen als unter den Vorgängerversionen. Hier sind die wichtigsten Optionen der aktuellen Version beschrieben.

Mit **wevtutil** werden Ereignisprotokolle ausgewertet und konfiguriert. Aus Platzgründen sind hier nur die wichtigsten Optionen aufgeführt.

wevtutil enum-logs

Zeigt die Namen aller Ereignisprotokolle an.

wevtutil get-log *Protokoll* [**/format:**{**text** | **xml**}]

Zeigt Konfigurationsinformationen wie die maximale Größe oder den Speicherort eines Protokolls im Text- (Standard) oder XML-Format an.

wevtutil get-loginfo *Protokoll* [**/logfile:**{**true** | **false**}]

Zeigt Informationen wie Zeitstempel, Anzahl der Einträge und Dateigröße auf der Festplatte zum angegebenen *Protokoll* an. Dabei kann es sich auch um den Pfad zu einem gesicherten Protokoll handeln. Dies wird mit **/logfile:true** spezifiziert.

wevtutil set-log *Protokoll* [*set-log-Optionen*] [*AllgemeineOptionen*]

Ändert die Konfiguration eines Protokolls.

wevtutil query-events *Protokoll* [**/logfile:**{**true** | **false**}] [**/count:** *Anzahl*] [**/format:**{**text** | **xml**}]

Gibt (alle oder maximal *Anzahl*) Ereignisse des *Protokolls* (Protokollname oder, mit **/logfile:true**, Pfad zum Protokoll) im XML-Format (Standard) oder als Text aus.

wevtutil export-log *Protokoll Datei* [**/overwrite:**{**true** | **false**}]

Exportiert ein *Protokoll* in eine *Datei*, die, falls sie schon existiert, ggf. überschrieben wird.

wevtutil archive-log *Protokolldatei* [**/locale:***Gebietsschema*]

Archiviert alle gebietsschemaspezifischen Informationen aus einer *Protokolldatei* in einem Unterverzeichnis. Es wird entweder das aktuelle oder das angegebene Gebietsschema verwendet. *Gebietsschema* wird als zusammengezogenes Kürzel in der Form *Sprache-Land* angegeben, z.B. en-US (Englisch, USA) oder de-DE (Deutsch, Deutschland).

wevtutil clear-log *Protokoll* [**/backup:***Datei*]

Löscht ein *Protokoll*, nachdem es optional in eine *Datei* (Endung .evtx) gesichert wurde.

wevtutil enum-publishers

Listet die auf dem System registrierten Herausgeber auf.

wevtutil get-publisher *Herausgeber* [**/getevents:**{**true** | **false**}]
    [**/getmessage:**{**true** | **false**}] [**/format:**{**text** | **xml**}]

Zeigt Konfigurationsinformationen über einen *Herausgeber* an. Optional werden alle von diesem Herausgeber registrierten Ereignisse (**/getevents: true**) und Meldungstexte (**/getmessage:true**) aufgelistet.

Optionen für set-log

/enabled:{**true** | **false**}
    Aktiviert (**true**) oder deaktiviert (**false**) das Protokoll.

/isolation:*Isolationsmodus* [**/ca:***SDDL*]
    Legt den *Protokollisolationsmodus* auf einen der gültigen Werte **system**, **application** oder **custom** fest. Im Falle von **custom** muss eine Sicherheitsbeschreibung im SDDL-Format angegeben werden.

/logfilename:*Protokolldatei*
    Vollständiger Pfad zur *Protokolldatei*, in der die Ereignisse des Protokolls gespeichert werden.

/retention:{**true** | **false**}
    Bei vollem Protokoll werden neue Ereignisse verworfen (**true**), bzw. sie überschreiben die ältesten Ereignisse im Protokoll (**false**).

/autobackup:{**true** | **false**}
    Falls true, wird das Protokoll automatisch gesichert. In einem solchen Fall muss **/retention** ebenfalls auf **true** gesetzt werden.

/maxsize:*Bytes*
    Maximale Größe des Protokolls in Byte.

Allgemeine Optionen

/remote:*Computer* [**/username:***Benutzer* [**/password:**{*Passwort* | ***}]]
    Führt den Befehl auf *Computer* statt auf dem lokalen System aus. Wird von den Befehlen **install-manifest** und **uninstall-manifest** nicht unterstützt.
    Zur Verbindung kann ein *Benutzer* sowie ein *Passwort* angegeben werden. Wird statt Letzterem ein Sternchen verwendet, wird zur Eingabe des Passworts aufgefordert.

/authorization:*Authentifizierungstyp*
    Legt die Art der Authentifizierung am entfernten Computer fest. Mögliche Werte sind: **Default**, **Negotiate** (Standard), **Kerberos**, **NTLM**.

/unicode:{true | false}
Unicode-Ausgabe: ja oder nein?

Anmerkung: Mit der Option **/get-publisher** dieses Befehls ist es erstmals mit Bordmitteln möglich, alle möglichen Ereignisse samt deren Meldungstexten ausgeben zu lassen.

---

wmic XP, W2k3, Vista, W2k8, 7, W2k8R2

Die WMI-Konsole ermöglicht die direkte Interaktion mit dem WMI-Dienst des lokalen oder eines entfernten Systems. Mit **wmic** können äußerst detaillierte Informationen abgefragt oder gesetzt werden. Der Befehl bietet eine interaktive Kommandozeile (Start durch Aufruf ohne Parameter, Beenden mit **exit**), kann Kommandos aber auch im Batch-Modus ausführen (Aufruf mit Parametern). Ein angehängtes **/?** gibt auf jeder Ebene einen passenden Hilfetext aus.

`wmic path` *WMI-Klasse* `[get` *Attributliste* `[`*Get-Optionen*`]] [`**/format:** *Ausgabeformat*`] [`**/output:***Ausgabedatei*`]`

Gibt Informationen über Objektinstanzen einer *WMI-Klasse* aus. Mit **/get** kann die Ausgabe auf einzelne Attribute jedes Objekts beschränkt werden (Standard: **get /all**). Als *Ausgabeformat* kann unter anderem gewählt werden: **table** (Standard), **list**, **csv** (kommasepariert), **htable** (tabellarisch im HTML-Format) und **hform** (Liste im HTML-Format). Die Ausgabe kann mit **/output** in eine Datei umgeleitet werden.

Anstelle der etwas umständlichen Angabe von **path** *WMI-Klasse* kann einer der zahlreichen vordefinierten Aliase verwendet werden. Eine Liste derselben kann mit **wmic alias get friendlyname,target** erstellt werden.

`wmic path` *WMI-Klasse* `set` *Attribut=Wert*

Setzt ein *Attribut* auf den angegebenen *Wert*. Eine Liste der für eine Klasse verfügbaren Attribute erhält man mit **wmic path** *WMI-Klasse* **set /?**.

`wmic path` *WMI-Klasse* `call` *Methode Parameterliste*

Ruft die angegebene *Methode* für eine Objektinstanz der *WMI-Klasse* auf und übergibt dabei die *Parameterliste*. Auch hier können mit **call /?** die für eine Klasse gültigen Methoden ermittelt werden. Viele Methoden können nur auf konkrete Instanzen angewendet werden, so dass z. B. **wmic os call reboot** fehlschlägt, während **os where "csname='***Name***'" call reboot** nach einer Rückfrage die durch *Name* angegebene Betriebssysteminstanz neu startet.

Optionen

/node:{@*Datei1* | *Computername1*} [@*Datei2* | *Computername2*][...]

Gibt an, auf welchen Systemen der Befehl ausgeführt wird. Anstatt die Computernamen auf der Kommandozeile anzugeben, kann die Liste der Systeme aus *Datei* gelesen werden. Die Zielsysteme können auch unter Windows NT4 oder 2000 laufen, nur der WMI-Dienst muss dort gestartet sein.

/user:*Domäne\Benutzer*

Legt den Benutzer fest, unter dem der Befehl ausgeführt wird.

/password:*Passwort*

Legt das Passwort für *Benutzer* fest.

where *WQL-Filter*

Begrenzt die Menge der Objekte, auf die sich der Befehl bezieht, durch einen in der SQL-ähnlichen Abfragesprache WMI Query Language verfassten *WQL-Filter*.

Beispiele

wmic {**os** | **computersystem** | **bios** | **cpu**} **list full**

Geben detaillierte Informationen über das (Betriebs-)System bzw. das BIOS oder den Prozessor aus.

wmic process where "name='wmic.exe'" list full

Zeigt alle verfügbaren Informationen über den Prozess wmic.exe an.

Systemkonfiguration

at

Konfiguriert geplante Tasks.

Variationen

at [*Rechner*]

Zeigt die anstehenden **at**-Aufträge in der Warteschlange des Taskplaner-Dienstes an.

at [*Rechner*] *Auftrags-ID* **/delete**

at [*Rechner*] **/delete** [**/yes**]

Löscht einen anstehenden Auftrag (erste Zeile, unter Angabe der Auftrags-ID) oder löscht alle anstehenden Aufträge (zweite Zeile, wobei **/yes** alle Löschanfragen bestätigt).

at [*Rechner*] *Zeit* [*Optionen*] *Befehl*

Trägt einen Auftrag ein. *Zeit* gibt an, um wie viel Uhr *Befehl* ausgeführt wird.

Optionen für Auftragsausführung

/next:{ *Wochentag* | *n* }
Führt den Auftrag einmalig am genannten Wochentag oder am *n*-ten des Monats aus.

/every: *Wochentag-und-Datumsliste*
Führt den Befehl wiederkehrend an jedem angegebenen Tag der Woche und/oder des Monats aus. Einzelne Tage werden durch Kommata getrennt.

/interactive
Erlaubt Tastatur- und Mauseingaben, wenn der Befehl ausgeführt wird.

---

bcdedit

Verwaltet den Startkonfigurationsdatenspeicher (BCD Store), der seit Vista/2008 die Datei boot.ini ersetzt. Hier werden aus Platzgründen nur die wichtigsten Optionen vorgestellt. Die generelle Syntax lautet:

bcdedit *Befehl* [{*ID1*} [{*ID2*} [...]]] [*Optionen*]

Die meisten *Befehle* erwarten Bezeichner (*IDs*) von Einträgen im Datenspeicher als Parameter. **bcdedit /? id** zeigt alle bekannten IDs an, während **bcdedit /enum all** alle Einträge im Speicher samt ihrer ID (Bezeichner genannt) auflistet. Einträge, für die keine bekannte ID existiert, werden anhand ihrer GUID angesprochen. Wird der Parameter /v angegeben, werden auch für bekannte Bezeichner vollständige IDs anstelle der Kurzschreibweise angezeigt. Der Aufruf von bcdedit ohne Parameter entspricht dem Aufruf von bcdedit /enum active, das alle Einträge in der Anzeigenreihenfolge des Start-Managers anzeigt.

bcdedit {**/export** | **/import**} *Datei*

Exportiert den Inhalt des Datenspeichers in die angegebene Datei bzw. stellt den Datenspeicher daraus wieder her.

bcdedit /copy {*ID*} **/d** *Beschreibung*

Erstellt eine Kopie des durch ID bezeichneten Eintrags und setzt die *Beschreibung* für den neuen Eintrag.

---

bcdedit /create [{*ID*} | **/application** {*Anwendungstyp*}]
    /d *Beschreibung*

Erstellt einen neuen Eintrag, dessen Typ entweder durch Angabe einer bekannten *ID* oder durch Spezifikation des *Anwendungstyps* (**bootsector**, **osloader**, **resume** oder **startup**) gesetzt wird.

bcdedit /delete {*ID*} [**/f**]

Löscht einen Eintrag und entfernt ihn aus der Anzeigereihenfolge. Zum Löschen bekannter IDs muss **/f** angegeben werden.

bcdedit /deletevalue [{*ID*}] *Datentyp*

Löscht einen Wert eines Eintrags im Datenspeicher. Ohne Angabe von *ID* wird {**current**} verwendet. Eine Liste der *Datentypen* erhalten Sie mit **bcdedit /? types**.

bcdedit /set [{*ID*}] *Datentyp Wert*

Setzt einen *Wert* eines Eintrags im Datenspeicher. Ohne Angabe von *ID* wird {**current**} verwendet.

bcdedit /bootsequence {*ID1*} [{*ID2*} [...]] [**/addfirst** | **/addlast** |
    /remove]

Legt die Startreihenfolge für den nächsten Neustart auf die durch die *IDs* angegebene Reihenfolge fest. Wenn nur eine einzige *ID* angegeben wird, kann diese an den Anfang (**/addfirst**) oder das Ende (**/addlast**) gesetzt oder ganz entfernt (**/remove**) werden.

bcdedit /displayorder {*ID1*} [{*ID2*} [...]] [**/addfirst** | **/addlast** |
    /remove]

Legt die Anzeigereihenfolge des Menüs Multi-Boot fest. Die Optionen entsprechen denen des Befehls **/bootsequence**

bcdedit /default {*ID*}

Legt den Standardeintrag fest, der zum Starten verwendet wird, wenn der Timeout abläuft.

bcdedit /timeout *Sekunden*

Legt die Zeit in Sekunden fest, die in Multi-Boot-Konfigurationen gewartet wird, bevor der Standardeintrag verwendet wird.

bcdedit /hypervisorsettings

Zeigt die Hypervisor-Debuggereinstellungen an oder setzt sie (mit weiteren Parametern).

Beispiele

Die folgende Befehlsfolge schreibt einen Windows 7-Bootsektor und erstellt dann im Datenspeicher einen Eintrag für ein früheres NT-basiertes Betriebssystem. Dies kann nötig sein, wenn z. B. Windows XP nach Windows 7 in einer Multi-Boot-Konfiguration installiert wurde. Zum Ausführen dieser Befehle sollte von der Windows 7-Installations-DVD gestartet werden, auf der sich auch der Befehl **bootsect** befindet. Im Beispiel wird angenommen, dass die aktive Windows 7-Partition den Buchstaben C: und das DVD-Laufwerk den Buchstaben E: hat. Für Details siehe den Artikel *KB919529* der Knowledge Base.

```
E:\boot\bootsect -nt60 all
C:\windows\system32\bcdedit -create {ntldr} -d "Windows XP"
C:\windows\system32\bcdedit -set {ntldr} device partition=C:
C:\windows\system32\bcdedit -set {ntldr} path \ntldr
C:\windows\system32\bcdedit -displayorder {ntldr} -addlast
```

bcdboot   7, W2k8R2

bcdboot <Quelle> [**/l** *Gebietsschema*] [**/s** *Laufwerksbuchstabe*] [**/v**]
    [**/m**] [{ID des Betriebssystem-Ladeprogramms}]

Dient zum Kopieren wichtiger Systemstartdateien auf ein Laufwerk und zum Erzeugen eines neuen BCD-Systemspeichers.

Optionen

Quelle

    Gibt den Speicherort des Windows-Systemstamms an.

/l

    Gibt einen optionalen Gebietsschema-Parameter an, der anstelle von US-Englisch für die Initialisierung des BCD-Speichers verwendet wird.

/s

    Gibt ein optionales Ziellaufwerk an, auf das die Startumgebungsdateien kopiert werden. Standardmäßig wird als Ziel die vom BIOS identifizierte Systempartition verwendet.

/m *{ID des Betriebssystem-Ladeprogramms}*

    Bei Angabe einer GUID wird das angegebene Ladeprogrammobjekt mit der Systemvorlage zusammengeführt, um einen startfähigen Eintrag zu erzeugen. Ohne GUID werden nur globale Objekte zusammengeführt.

bootcfg

bootcfg [**/s** *System* [**/u** *Benutzer* **/p** [*Passwort*]]] [Optionen]

Verwaltet die Einträge der Datei boot.ini auf *System* (Standard: lokal), zu dem mit dem angegebenen Benutzer/Passwort eine Verbindung hergestellt wird.

Optionen

/addsw [**/mm** *RAM*] [**/bv**] [**/so**] [**/ng**] **/id** *Zeile*

Fügt Ladeoptionen zu einem Eintrag der boot.ini hinzu, der über seine Zeilennummer identifiziert wird (**/id**). **/mm** begrenzt den vom Betriebssystem genutzten Speicher auf *RAM* MByte. **/bv** steht für Basevideo (VGA-Modus), **/so** für SOS (Anzeige der geladenen Treibernamen), **/ng** für NoGUIBoot (keine Fortschrittsanzeige).

/copy [**/d** *Beschreibung*] **/id** *Zeile*

Kopiert einen Eintrag der boot.ini und gibt der Kopie die angegebene *Beschreibung*.

/default /id *Zeile*

Setzt den Standardeintrag, der geladen wird, wenn nach dem Timeout keine Auswahl erfolgt ist.

/delete /id *Zeile*

Löscht einen Eintrag der boot.ini.

/query

Zeigt die Einträge der boot.ini an.

/rmsw [**/mm**] [**/bv**] [**/so**] [**/ng**] **/id** *Zeile*

Entfernt die angegebenen Ladeoptionen aus dem Eintrag *Zeile*. Siehe **/addsw**.

/timeout *Sekunden*

Setzt den Timeout-Wert, nach dessen Ablauf der Standardeintrag geladen wird.

Anmerkung: Zum Ändern der Startoptionen ab Vista/2008 wird **bcdedit** verwendet.

cmdkey

Verwaltet gespeicherte Anmeldeinformationen für Server oder Domänen.

cmdkey /list[:*Ziel*]

Zeigt gespeicherte Anmeldeinformationen für *Ziel* an. Falls dieses weggelassen wird, werden alle gespeicherten Informationen ausgegeben.

```
cmdkey /add:Ziel /user:Domäne\Benutzer [/pass:Passwort]
```

Fügt einen Eintrag für *Ziel* hinzu. Falls das *Passwort* nicht angegeben wird, wird es beim Herstellen der Verbindung abgefragt.

```
cmdkey /delete:Ziel
```

Löscht gespeicherte Anmeldeinformationen für *Ziel*.

```
cmdkey /delete /ras
```

Löscht RAS-Anmeldeinformationen.

pagefileconfig.vbs   XP, W2k3

Verwaltet die Auslagerungsdatei.

powercfg   XP, W2k3, Vista, W2k8, 7, W2k8R2

Verwaltet Energieschemata, Kommandozeilenversion des Systemsteuerungs-Applets »Energieoptionen«. Der Befehl unterstützt viele Optionen, hier die wichtigsten:

```
powercfg -list
```

Zeigt vorhandene Energieschemata an.

```
powercfg -query [Energieschema]
```

Zeigt die Einstellungen des aktuellen oder des angegebenen *Energieschemas* an.

```
powercfg -create Energieschema
```

Erstellt ein neues *Energieschema* mit dem angegebenen Namen.

```
powercfg -setactive Energieschema
```

Aktiviert das angegebene *Energieschema*.

```
powercfg -change Energieschema [Optionen]
```

Ändert Einstellungen des angegebenen *Energieschemas*.

```
powercfg {-export | -import} Energieschema -file Datei
```

Exportiert das angegebene *Energieschema* in eine *Datei* bzw. liest eine Schema-Definition aus einer *Datei* wieder ein.

```
powercfg -hibernate {on | off}
```

Schaltet die Unterstützung für den Ruhezustand ein oder aus.

```
powercfg -globalpowerflag {on | off} -option {batteryicon |
    resumepassword | videodim}
```

Schaltet globale Energieeinstellungen ein oder aus. Unter anderem kann die Anzeige des Akkuladestands im Infobereich der Taskleiste (**battery-icon**), die Kennwortabfrage nach dem Aufwachen aus dem Ruhezustand (**resumepassword**) und das Abdunkeln des Bildschirms im Batteriemo-dus (**videodim**) konfiguriert werden.

```
powercfg -waketimers
```

Zeigt die im System aktiven Aktivierungszeitgeber an.

regsvr32 AllOS

```
regsvr32 DLL
```

Registriert eine DLL (typischerweise eine COM-Komponente) auf dem System.

Optionen

/u

Deregistriert die Komponente.

/s

Stiller Modus, es werden keine Meldungen ausgegeben.

schtasks XP, W2k3, Vista, W2k8, 7, W2k8R2

```
schtasks Befehl [Optionen] [/s System [/u Benutzer
    [/p [Passwort]]]]
```

Verwaltet geplante Tasks auf dem lokalen oder einem entfernten System. **/query** zeigt die geplanten Tasks eines Computers an. **/delete** löscht einen mit Namen angegebenen oder alle geplanten Tasks. **/run** bzw. **/end** starten bzw. beenden einen geplanten Task. **/create** und **/change** schließlich er-zeugen bzw. modifizieren einen Task. Dabei können alle auch in der gra-fischen Oberfläche vorhandenen Einstellungen vorgenommen werden.

Aus Platzgründen sei für eine Beschreibung der äußerst umfangreichen Optionen auf die Hilfe des Befehls verwiesen.

sconfig W2k8R2

Das Programm sconfig ist nur in der Installationsart Server Core verfüg-bar und erleichtert die Konfiguration eines solcherart installierten Ser-vers. Es hilft unter anderem bei folgenden Einrichtungsschritten:

- Beitritt zur Domäne
- Umbenennung des Servers
- Konfiguration der Remoteverwaltung durch Server-Manager und PowerShell einschließlich der Firewall-Konfiguration
- Einrichtung von Windows Update
- Aktivierung von Remote Desktop
- Netzwerkkonfiguration

Die einzelnen Einträge sind selbsterklärend und werden daher nicht weiter ausgeführt.

scregedit.wsf W2k8, W2k8R2

Dieser nur in der »Core«-Installationsoption verfügbare Befehl vereinfacht gängige Konfigurationstätigkeiten, die ansonsten ein direktes Bearbeiten der Registrierung erfordern würden. Zudem enthält er einen nützlichen Hilfebildschirm mit weiteren oft benötigten Kommandos. Hier die wichtigsten Optionen:

scregedit.wsf /cli

Zeigt einen Hilfebildschirm mit gängigen Administrationsaufgaben und den entsprechenden Kommandozeilenbefehlen an.

scregedit.wsf /au {/v | 4 | 1}

Automatische Updates: aktuelle Einstellungen anzeigen (/v), aktivieren (4) oder deaktivieren (1).

scregedit.wsf /ar {/v | 0 | 1}

Fernzugriff über Terminaldienste: aktuelle Einstellungen anzeigen (/v), aktivieren (0) oder deaktivieren (1).

scregedit.wsf /cs {/v | 0 | 1}

Terminaldienste-Zugriff von älteren Clients ohne CredSSP: aktuelle Einstellungen anzeigen (/v), zulassen (0) oder verweigern (1).

slmgr.vbs Vista, W2k8, 7, W2k8R2

Verwaltet die Windows-Lizenz(en) und kann die Installation aktivieren. **slmgr.vbs** ist unter Server Core besonders nützlich, da dort die grafische Oberfläche zur Aktivierung von Windows fehlt. Hier die wichtigsten Kommandos:

```
slmgr.vbs {-dli | -dlv} all
```

Zeigt (detaillierte) Informationen über die installierten Lizenzen an.

```
slmgr.vbs -xpr
```

Zeigt das Ablaufdatum der aktuellen Lizenz an bzw. ob die Installation permanent aktiviert ist.

```
slmgr.vbs -ipk Schlüssel
```

Installiert den angegebenen *Lizenzschlüssel*.

```
slmgr.vbs -ato
```

Aktiviert die Windows-Installation.

Anmerkung: Wird der Befehl nicht mit **cscript** und dem vollen Pfad zum Skript (meist C:\Windows\System32) aufgerufen, erfolgt die Ausgabe in einem GUI-Fenster.

winmgmt Vista, W2k8, 7, W2k8R2

Ermöglicht die Sicherung, Wartung und Wiederherstellung des WMI-Repositorys.

```
winmgmt /backup Dateiname
```

Veranlasst Windows Management Instrumentation (WMI) zur Sicherung des Repositorys mit dem angegebenen Dateinamen.

```
winmgmt /restore Dateiname Kennzeichen
```

Stellt das WMI-Repository aus der angegebenen Sicherungsdatei manuell wieder her. Das Kennzeichen bestimmt den Wiederherstellungsmodus: 1 bedeutet Erzwingen (Trennung der Benutzer und Ausführen der Wiederherstellung), 0 bewirkt die Ausführung, wenn keine Benutzer verbunden sind.

```
winmgmt /resyncperf
```

Registriert die Leistungsbibliotheken bei WMI.

```
winmgmt /verifyrepository [Pfad]
```

Prüft die Konsistenz für das Live-Repository oder ein im Pfad gespeichertes vollständiges Repository.

```
winmgmt /salvagerepository
```

Führt eine Konsistenzprüfung für das Repository aus und erstellt es neu, falls eine Inkonsistenz erkannt wird.

Weitere Informationen zum Befehl entnehmen Sie bitte dessen Hilfe.

winrm

Konfiguriert den Windows-Remoteverwaltungsdienst. Dieser Befehl bietet viele Optionen, von denen hier aus Platzgründen nur jene zur Aktivierung und Deaktivierung des Fernzugriffs aufgeführt sind.

`winrm quickconfig`

Konfiguriert den Windows-Remoteverwaltungsdienst für den Fernzugriff durch **winrs**.

`winrm delete winrm/config/listener?Address=*+Transport=HTTP`

Deaktiviert den Fernzugriff durch Löschen des Listeners. Gegebenenfalls muss HTTP durch HTTPS ersetzt werden.

winrs

`winrs [Optionen] Befehl`

Führt *Befehl* in der Shell **cmd.exe** auf einem entfernten System aus. Voraussetzung dafür ist die korrekte Konfiguration des Dienstes Windows-Remoteverwaltung auf dem anderen Computer, z. B. mittels **winrm**.

Optionen

-**r**:*Endpunkt*
  Spezifiziert den Computer, auf dem der Befehl ausgeführt werden soll (Standard: **localhost**). Der *Endpunkt* kann durch seinen Net-BIOS-Namen oder durch eine URL angegeben werden.

-**u**:*Benutzer* [-**password**:*Passwort*]
  Gibt den zur Verbindung mit dem entfernten System zu verwendenden *Benutzernamen* und optional das zugehörige *Passwort* an, das ansonsten abgefragt wird.

-**t**:*Sekunden*
  Falls ein Timeout für den auszuführenden Befehl verwendet werden soll, kann er hiermit angegeben werden.

-**d**:*Pfad*
  Gibt das Startverzeichnis für den entfernten Befehl an. Falls nicht spezifiziert, wird %HOMEDRIVE%%HOMEPATH% verwendet.

-**env**:*Variable=Wert*
  Setzt eine Umgebungsvariable im entfernten Kommandozeileninterpreter. Mehrere dieser Parameter können verwendet werden.

-noecho

Deaktiviert das Echo (Eingaben werden nicht lokal angezeigt).

Beispiele

Das folgende Beispiel dient der Demonstration, wie einfach auf einem entfernten Computer Befehle abgesetzt werden können. Die Zirkumflexe (^) sind notwendig, da die Variable %computername% ansonsten schon auf dem lokalen System durch den Computernamen ersetzt würde.

```
winrs -r:AndererComputer echo ^%computername^%
```

Netzwerk

Grundlegende Netzwerkbefehle

arp AllOS

Zeigt die Zuordnung von MAC-Adressen zu IP-Adressen an und erlaubt die Manipulation dieser Einträge.

arp -a [*IP-Adresse*] [**-N** *Schnittstelle*] [*-v*]

Zeigt die aktuellen Zuordnungen an, ggf. begrenzt auf die angegebene IP-Adresse oder Schnittstelle, -v initiiert den ausführlichen Modus.

arp -s *IP-Adresse MAC-Adresse* [*Schnittstelle*]

Legt eine Adresszuordnung fest, ggf. begrenzt auf die angegebene Netzwerkschnittstelle.

arp -d *IP-Adresse* [*Schnittstelle*]

Löscht eine Adresszuordnung, ggf. begrenzt auf die angegebene Netzwerkschnittstelle.

bitsadmin XPST, W2k3ST, Vista, W2k8, 7, W2k8R2

Verwaltet Download-Jobs des BITS-Dienstes (Background Intelligent Transfer Service), der auch vom Dienst *Automatische Updates* verwendet wird. An dieser Stelle werden aus Platzgründen nur die wichtigsten Optionen dieses mächtigen Befehls beschrieben. Eine vollständige Beschreibung aller Optionen finden Sie in der Hilfe des Befehls.

```
bitsadmin /transfer Job-Name /download /priority normal URL
    LokalerPfad
```

Erzeugt den Job *Job-Name*, fügt die in *URL* (wird inklusive Protokoll, z. B. *http://* bezeichnet) angegebene Datei dem Job hinzu, aktiviert und komplettiert (nach erfolgreichem Download) den Job. Die in *URL* angegebene Datei wird durch den Job im Hintergrund auf den lokalen Rechner übertragen und im angegebenen lokalen Pfad gespeichert.

```
bitsadmin /list
```

Listet alle Jobs mit GUID, Name, Status und Anzahl der übertragenen Bytes auf.

```
bitsadmin /info Job-Name /verbose
```

Zeigt sehr detaillierte Informationen zu einem Job an. Anstelle des Job-Namens kann auch dessen GUID (kann mit den Parametern **/list** oder **/info** ermittelt werden) angegeben werden, da die Namen nicht eindeutig sein müssen.

```
bitsadmin /cancel Job-Name
```

Bricht einen Job ab und löscht alle durch den Job erzeugten temporären Dateien. Statt des Job-Namens kann dessen GUID angegeben werden.

```
bitsadmin /reset
```

Löscht alle Jobs aus der Warteschlange.

Der Befehl gilt seit Windows 7 als veraltet und wird durch entsprechende PowerShell-Cmdlets ersetzt.

dhcploc   W2k3ST

```
dhcploc IP-Adresse [DHCP-Serverliste]
```

Findet autorisierte und nicht autorisierte (rogue) DHCP-Server. *IP-Adresse* ist die IP-Adresse des lokalen Systems bzw. des gewünschten Netzwerkadapters des lokalen Systems. *DHCP-Serverliste* ist eine optionale Auflistung von IP-Adressen von zu überprüfenden DHCP-Servern.

dnslint   WWW

```
dnslint /d Domänenname | /ad [LDAP_IP_Adresse] | /ql Input_Datei [/
    c [smtp,pop,imap]] [/no_open] [/r Report_Name] [/t] [/test_tcp]
    [/s DNS_IP_Adresse] [/v] [/y]
```

Das von Microsoft zum Herunterladen bereitgestellte Programm dnslint dient zur Diagnose von häufig auftretenden Problemen mit der DNS-

Namensauflösung. Sie müssen einen der Parameter /d, /ad oder /ql verwenden, um die gewünschte Funktion auszuwählen: dnslint /d diagnostiziert mögliche Ursachen für eine langsame Delegierung und andere einschlägige Probleme. Mit dnslint /ql können Sie benutzerdefinierte DNS-Datensätze auf mehreren DNS-Servern überprüfen. dnslint /ad schließlich prüft Datensätze, die speziell der Replikation im Active Directory dienen. Diese Parameter lassen sich nicht kombinieren. Zur Bedeutung der optionalen Befehlszeilenoptionen können Sie detaillierte Informationen im Microsoft Knowledgebase-Artikel KB321045 nachlesen.

ftp

ftp *Rechner | IP-Adresse*

Startet eine Sitzung zur Dateiübertragung mit einem anderen Rechner, der den FTP-Dienst anbieten muss.

Optionen

-A

Anmeldung als *anonymous*.

-n

Unterdrückt das automatische Anmelden bei der Verbindungsaufnahme mit dem entfernten Computer.

-w:*Größe*

Setzt die Größe des Übertragungspuffers in Byte (Standardwert unter Windows 7: 65535).

-i

Schaltet die Bestätigungsaufforderungen aus, wenn mehrere Dateien übertragen werden.

-S:*Datei*

Gibt eine Textdatei an, die ftp-Befehle enthält. Diese Befehle werden nach dem Starten von **ftp** automatisch ausgeführt.

-v

Unterdrückt Antwortmeldungen vom entfernten Server.

-a

Verwendet eine beliebige lokale Schnittstelle.

-g

Deaktiviert die Interpretation von Wildcards in Dateinamen, was auch als Globbing bezeichnet wird.

-d

Aktiviert Debug-Nachrichten.

hostname

`hostname`

Zeigt den DNS-Hostnamen des lokalen Systems an.

ipconfig

`ipconfig [/all]`

Zeigt die IP-Konfiguration des lokalen Systems an. **/all** erstellt eine detaillierte Ausgabe.

`ipconfig /allcompartments [/all]`

Zeigt die IP-Konfiguration des lokalen Systems getrennt nach Depots (Routing-Compartments) an. **/all** erstellt eine detaillierte Ausgabe.

`ipconfig {/renew | /release [`*Verbindungsname*`]}`

Erneuert bzw. gibt den DHCP-Lease der angegebenen Verbindung frei (Wildcards werden unterstützt).

`ipconfig {/displaydns | /flushdns}`

Zeigt den Inhalt des DNS-Auflösungscache an (**/displaydns**) bzw. löscht ihn (**/flushdns**).

`ipconfig /registerdns`

Aktualisiert alle DHCP-Leases und registriert den Hostnamen im DNS.

ipseccmd

Konfiguriert die IPSec-Richtlinien (Policies) auf Windows XP-Computern (unter Windows Server 2003 kann stattdessen **netsh ipsec** verwendet werden). Details zur Verwendung dieses komplexen Befehls entnehmen Sie bitte dessen Hilfe.

irftp

`irftp` *Pfad* `[/h] | /s`

Sendet Dateien über eine Infrarotverbindung. **/s** öffnet das Eigenschaftsfenster der drahtlosen Verbindung, und **/h** unterdrückt die normalerweise erscheinende Dialog-Nachricht der drahtlosen Verbindung, wenn Dateien gesendet werden.

netstat AllOS

`netstat` [Optionen] [n]

Zeigt TCP/IP-Statistiken an. Falls *n* angegeben wurde, wird die Anzeige alle *n* Sekunden aktualisiert. Standardmäßig werden die momentan offenen Verbindungen angezeigt.

Optionen

-a
> Zeigt auch serverseitige Verbindungen an.

-b
> Zeigt die beim Erstellen der Verbindung involvierten ausführbaren Dateien an.

-e
> Zeigt Ethernet-Statistiken an.

-f
> Zeigt vollqualifizierte Domänennamen für Remoteadressen an.

-n
> Zeigt numerische IP-Adressen und Portnummern an.

-o
> Zeigt die mit jeder Verbindung verknüpfte übergeordnete Prozessorkennung an.

-r
> Zeigt die Routing-Tabelle an.

-s
> Zeigt Statistiken protokollweise an. Einzelne Protokolle können mit -p ausgewählt werden.

-p *Protokoll*
> Erlaubt die Auswahl des gewünschten Netzwerkprotokolls: **TCP**, **UDP**, **TCPv6**, **UDPv6**. In Verbindung mit **-s** werden zusätzlich unterstützt: **IP**, **IPv6**, **ICMP**, **ICMPv6**.

nslookup AllOS

`nslookup` [Name | IP-Adresse] [DNS-Server]

Löst den voll oder teilweise qualifizierten *Namen* bzw. *IP-Adresse* auf dem primären oder angegebenen *DNS-Server* auf. **nslookup** startet im interaktiven Modus, wenn keine Argumente angegeben wurden. In diesem Modus erhalten Sie durch Eingabe von **help** Informationen zu weiteren Optionen.

Anmerkung: Eine Auflösung von IP-Adressen zu Namen erfolgt nur, wenn auf dem zuständigen DNS-Server eine Reverse-Lookup-Zone eingerichtet ist.

pathping   XP, W2k3, Vista, W2k8, 7, W2k8R2

`pathping [Optionen] Ziel`

Zeigt die Route zum Ziel und berechnet Statistiken für jeden Abschnitt.

Optionen

-h *Abschnitte*
> Setzt einen Maximalwert für *Abschnitte* (Hops). Der Standardwert ist 30.

-g *Rechnerliste*
> »Loose Source Routing« gemäß Rechnerliste.

-p *Millisekunden*
> Setzt die Wartezeit zwischen zwei aufeinanderfolgenden Pings. Der Standardwert ist 250.

-q *Abfrageanzahl*
> Setzt die Anzahl der Abfragen zu jedem Hop. Der Standardwert ist 100.

-w *Millisekunden*
> Setzt das Zeitlimit für jede Antwort. Der Standardwert ist 3.000.

-n
> Löst die IP-Adressen nicht in Rechnernamen auf.

-4
> Erzwingt die Verwendung von IPv4.

-6
> Erzwingt die Verwendung von IPv6.

ping   AllOS

`ping [Optionen] Ziel`

Es wird ein Ping auf das angegebene System ausgeführt. Das Ziel kann dabei mittels Rechnername oder IP-Adresse angesprochen werden.

Optionen

-t | **-n** *Zähler*

Der Ping läuft so lange, bis er manuell mit der Tastenkombination Strg+C abgebrochen wird (**-t**), bzw. so oft, wie unter *Zähler* angegeben (**-n**). Der Standardwert ist 4.

-l *Länge*

Setzt die Länge der Pakete in Byte. Der Standardwert ist 32 Byte, der Maximalwert beträgt 65.527.

-a

Löst eine IP-Adresse in einen Rechnernamen auf.

-f

Setzt das Flag »Do Not Fragment«.

-i *TTL*

Setzt die Gültigkeitsdauer (TTL, Time-to-Live).

-v *TOS*

Setzt den Diensttyp (Type of Service).

-w

Setzt das Zeitlimit für die Rückmeldung in Millisekunden.

-r *n* [**-s** *Zeitstempel*]

Zeichnet die Route für bis zu *n* Hops auf. *n* kann zwischen 1 und 9 liegen. Des Weiteren kann ein optionaler Zeitstempel angegeben werden.

-j | **-k** *Hostliste*

Routet die Pakete über die in der Liste angegebenen Hosts. Dabei kann angegeben werden, ob es erlaubt bzw. verboten ist, die Pakete über unterschiedliche Gateways zu leiten (Loose Source Route mittels **-j** und Strict Source Route mittels **-k**). Bis zu 9 Hosts können in dieser Liste aufgeführt werden.

-4

Erzwingt die Verwendung von IPv4.

-6

Erzwingt die Verwendung von IPv6.

---

pptpclnt, pptpsrv

pptpclnt
    pptpsrv *Rechner*

Durchführung von PPTP-Verbindungstests. Auf dem Zielrechner wird zuerst **pptpsrv** gestartet, und dann wird auf dem Quellrechner

---

mittels **pptpclnt** versucht, eine PPTP-Verbindung zum Zielsystem herzustellen.

qtcp

```
qtcp -t IP-Adresse-des-Empfängers
    qtcp -r
```

Misst mittels QoS-Tests (Quality of Service) die Netzwerkperformance. Dieser Befehl kann im Server- bzw. im Clientmodus gestartet werden. Weitere Informationen erhalten Sie in der Windows-Hilfe.

rcp

Kopiert Dateien zu oder von einem entfernten Rechner.

route

```
route [Optionen] [Befehl [Ziel] [mask Subnet Mask] [Gateway] ^
    [metric Hops]]
```

Zeigt die TCP/IP-Routing-Tabelle an und erlaubt Veränderungen. *Befehl* kann einen der folgenden Werte annehmen:

print
Zeigt die angegebene Route oder alle Routen an.

add
Ergänzt die angegebene Route.

delete
Entfernt die angegebene Route.

change
Verändert die angegebene Route.

Der Standardwert für *Subnet Mask* ist 255.255.255.255 und für *Hops* 1.

Optionen

-f
Entfernt alle Gateway-Eintragungen aus der Routing-Tabelle.

-p
Kann mit **ADD** verwendet werden, um dauerhafte Routen zu definieren. Diese Routen stehen auch nach einem Neustart noch zur Verfügung.

-4

Erzwingt die Verwendung von IPv4.

-6

Erzwingt die Verwendung von IPv6.

rpings

rpings [**-p** *Protokoll*]

Startet den RPC-Verbindungstest-Server. Wenn *Protokoll* angegeben wurde, wird der Test auf ein Protokoll beschränkt (**tcpip**, **namedpipes**, **netbios** etc.). Mit dem grafischen Tool **rpingc** führen Sie den Test durch.

rsh, rexec

rsh *Server* [**-l** *Benutzername*] *Befehl*
    rexec *Server* [**-l** *Benutzername*] *Befehl*

Führt einen Befehl auf einem entfernten Rechner mittels **rexec** oder RSH-Dienst aus. Optional kann ein Benutzername des entfernten Systems angegeben werden.

telnet

telnet *Rechner* | *IP-Adresse*

Startet eine interaktive Sitzung mit einem entfernten Rechner. Der entfernte Rechner muss den Telnet-Dienst anbieten.

Anmerkung: Seit Windows Vista ist der Telnet-Client nicht im Standard-Installationsumfang enthalten, sondern muss über »Windows-Funktionen ein- oder ausschalten« hinzugefügt werden. Unter Server 2008 muss das Feature »Telnet Client« installiert werden.

tftp

tftp [**-i**] *Rechner* {**get** | **put**} *Datei* [*Ziel*]

Führt einen Dateitransfer auf der Basis von Trivial-FTP aus. Die Option **-i** gibt an, dass es sich um eine binäre Datei handelt; der Transfer von ASCII-Dateien ist die Standardeinstellung. Die Schlüsselwörter **put** und **get** definieren entweder einen Transfer von lokal nach entfernt oder umgekehrt. Das Argument *Ziel* ist optional und gibt das Ziel der zu übertragenden Datei an. Wird anstelle von *Datei* ein Bindestrich angegeben, wird die Eingabe bzw. Ausgabe von der Standard-Eingabe bzw. Standard-Ausgabe gelesen.

Anmerkung: Seit Windows Vista ist der TFTP-Client nicht im Standard-Installationsumfang enthalten, sondern muss über »Windows-Funktionen ein- oder ausschalten« hinzugefügt werden. Unter Server 2008 muss das Feature »TFTP Client« installiert werden.

tracert   AllOS

`tracert Rechner | IP-Adresse`

Zeigt die Route zum angegebenen Ziel auf.

Optionen

-h *n*

Setzt die maximale Anzahl von Hops, die zur Zielsuche verwendet werden dürfen.

-w *n*

Setzt das Zeitlimit für eine Antwort in Millisekunden.

-d

Die IP-Adressen werden nicht in Rechnernamen aufgelöst.

-4

Erzwingt die Verwendung von IPv4.

-6

Erzwingt die Verwendung von IPv6.

Microsoft-Netzwerk

browstat   W2k3ST

`browstat [Optionen]`

Verwaltet die Infrastruktur des Netzwerk-Browsings in NetBIOS-basierten Netzen.

nbtstat   XP, W2k3, Vista, W2k8, 7, W2k8R2

`nbtstat [Optionen] [n]`

Zeigt Namenstabellen und aktuelle Verbindungen von NBT (NetBIOS über TCP/IP) an. Falls angegeben, wird die Anzeige alle *n* Sekunden aktualisiert.

Optionen

-a *Computername* | **-A** *IP-Adresse*
> Zeigt die Namenstabelle des angegebenen Computers an.

-c
> Zeigt den Inhalt der Remote-Cache-Namenstabelle an.

-n
> Zeigt lokale NetBIOS-Namenszuordnungen an.

-r
> Zeigt Namen an, die über WINS oder Broadcasts aufgelöst wurden.

-S | **-s**
> Zeigt tabellarisch die offenen Sitzungen an. Entfernte Rechner werden entweder durch ihre IP-Adresse (**-S**) oder ihren Rechnernamen (**-s**) kenntlich gemacht.

-R
> Löscht die Remote-Cache-Namenstabelle und legt sie neu an.

-RR
> Gibt registrierte Namen im WINS frei und registriert sie anschließend wieder.

---

net computer
AllOS

```
net computer \\Computername {/add | /del}
```

Fügt den angegebenen Computer der Domäne hinzu (**/add**) oder entfernt (**/del**) ihn aus der Domäne.

---

net config
AllOS

```
net config {server | workstation} [Optionen]
```

Zeigt Informationen über die Dienstkonfiguration des Serverdienstes (**server**) oder des Arbeitsplatzdienstes (**workstation**) an bzw. ändert diese.

net config Server-Optionen

/autodisconnect:*Minuten*
> Trennt inaktive Serververbindungen nach *Minuten*. Der Standardwert ist 15 Minuten, gültige Werte liegen zwischen −1 (abschalten) und 65.535.

/srvcomment: *Text*

Fügt einen Kommentar zum Server hinzu. Die maximale Länge beträgt 48 Zeichen.

/hidden:{yes | no}

yes entfernt den Eintrag aus der Serverliste. Der Standardwert ist **no**.

net config Workstation-Optionen

/charcount: *Byte*

Gibt die Größe des Puffers in Byte an, die Windows aufnimmt, bevor eine Übertragung an ein Datenkommunikationsgerät stattfindet. Gültige Werte sind 0 bis 65.535, der Standardwert ist 16.

/chartime: *Millisekunden*

Gibt die Zeitdauer in Millisekunden an, nach der Daten von Windows an ein Datenkommunikationsgerät übertragen werden. Gültige Werte sind 0 bis 65.535.000 (entspricht ca. 18 Stunden), der Standardwert ist 250.

Windows verwendet diejenige der beiden Optionen (**/charcount** oder **/chartime**), die zuerst erreicht wird.

/charwait: *Sekunden*

Gibt die Zeitdauer in Sekunden an, wie lange Windows auf die Verfügbarkeit eines Kommunikationsgeräts wartet. Gültige Werte sind 0 bis 65.535, der Standardwert ist 3.600 (1 Stunde).

net file   AllOS

`net file [`*id* `[/close]]`

Ohne Optionen werden alle Dateien mit ID-Nummern angezeigt, die von entfernten Computern geöffnet sind. Wenn *id* angegeben wurde, werden nur die Informationen zu dieser entsprechenden Datei ausgegeben. Wenn zusätzlich **/close** angegeben wurde, wird die Datei mit der angegebenen ID geschlossen.

net session   AllOS

`net session [\\`*Rechner*`] [/delete]`

Zeigt alle Verbindungen zum lokalen System oder zu *Rechner* an.

/delete schließt die angegebene Sitzung, falls ein Rechner ausgewählt wurde. Andernfalls werden alle Sitzungen, inklusive aller offenen Dateien, geschlossen.

```
net share Freigabe[=Pfad] [Optionen]
```

Gibt ein Verzeichnis für den Netzzugriff frei oder löscht eine Freigabe. *Pfad* muss nur angegeben werden, wenn eine neue Freigabe erstellt wird.

Ohne Angabe von Optionen werden alle vorhandenen Freigaben angezeigt. Wenn eine Freigabe ohne Optionen angegeben wurde, werden Informationen über diese Freigabe ausgegeben.

Optionen

/grant:*Benutzer,Berechtigung*

Standardmäßig wird auf neue Freigaben die Berechtigung Jeder/Lesen gesetzt. Mit dieser Option können statt dieses Standards andere *Berechtigungen* vergeben werden: **read**, **change** oder **full**.

/users:*n*

Stellt die Anzahl der Benutzer ein, die gleichzeitig auf die Freigabe zugreifen dürfen.

/unlimited

Die Freigabe kann von beliebig vielen Anwendern gleichzeitig benutzt werden.

/remark:"*Text*"

Fügt der Freigabe eine Beschreibung hinzu.

/cache:*Typ*

Konfiguriert den *Typ* des clientseitigen Cache: deaktiviert (**none**), manuell (**manual**), nur Dokumente automatisch (**documents**), Programme und Dokumente automatisch (**programs**).

/delete

Löscht die angegebene Freigabe. Es kann entweder der Name, Pfad oder Druckername der zu löschenden Freigabe angegeben werden.

net statistics AllOS

```
net statistics {server | workstation}
```

Zeigt Statistikinformationen des Server- bzw. Arbeitsstationsdienstes an.

net time AllOS

```
net time Quelle [/set]
```

Zeigt die Uhrzeit eines bestimmten Computers an. Der Parameter **/set** synchronisiert die lokale Uhrzeit mit jener von *Quelle*. Das Argument

Quelle wird entweder in Form von *Computername*, **/domain:**Name oder in der Form **/rtsdomain:**Name angegeben. Letzteres spezifiziert einen vertrauenswürdigen Zeitserver in der Domäne *Name*.

```
net time [\\Computername] [/querysntp | /setsntp:Server]
```

Zeigt bzw. definiert die Namen der vom lokalen System verwendeten NTP-Server (Network Time Protocol). Mehrere Server in der Option **/setsntp** werden durch Leerzeichen getrennt; die gesamte Liste muss dann jedoch in Anführungszeichen gesetzt werden.

Sind keine NTP-Server konfiguriert, synchronisieren Domänenmitglieder mit einem Betriebssystem ab Windows 2000 ihre Zeit mit dem jeweiligen Anmeldedomänencontroller.

Der Befehl gilt als veraltet, stattdessen sollte der Befehl w32tm verwendet werden.

net use AllOS

```
net use [Gerät: | *] [\\Computer\Freigabe] [Passwort | *] [/user:
    Benutzer] [Optionen]
```

Ordnet eine Netzwerkressource einem lokalen Gerät zu. Dabei kann es sich um einen Laufwerkbuchstaben oder einen Druckeranschluss (**LPT**n) handeln. Wird anstelle von *Gerät* ein Sternchen (*) angegeben, wird das nächste verfügbare Gerät (i.d.R. der nächste freie Laufwerksbuchstabe) verwendet.

Computer und *Freigabe* werden nur bei der Definition von neuen Zuordnungen angegeben. Gegebenenfalls kann hier eine NetWare-Datenträgerbezeichnung ergänzt werden.

Ein benötigtes Passwort kann auf der Befehlszeile angegeben werden. Wenn stattdessen ein Sternchen (*) eingegeben wurde, wird das Passwort an der Eingabeaufforderung abgefragt. Ohne Angabe von *Benutzer* und *Passwort* werden die Anmeldeinformationen des aktuell angemeldeten Benutzers verwendet.

Optionen

/persistent:{yes | no}
    Erstellt eine ständige Verbindung, die nach jeder Anmeldung wiederhergestellt wird. Standardwert ist die letzte verwendete Einstellung. Wird diese Option ohne weitere Argumente angegeben, wird der aktuelle Standardwert verändert.

/home

>Ordnet den angegebenen Laufwerkbuchstaben dem Basisverzeichnis des Benutzers zu. Die Angabe einer Ressource ist nicht notwendig.

/delete

>Die angegebene Gerätezuordnung wird dauerhaft gelöscht.

/savecred

>Speichert die angegebenen Anmeldeinformationen. Bei der nächsten Herstellung der Verbindung zur gleichen Freigabe auf dem gleichen Server müssen diese nicht erneut eingegeben werden.

net view

`net view` [*Ziel*]

Zeigt die Namen von Computern in einer Domäne oder einem Netzwerk an. Es können auch die Namen freigegebener Ressourcen auf einem entfernten Computer angezeigt werden. *Ziel* kann einen der folgenden Werte annehmen:

Computer

>Der Name eines Computers, dessen Freigaben angezeigt werden sollen.

/domain:*Name*

>Eine Domäne, deren Mitglieder angezeigt werden sollen. Ohne Angabe von *Name* werden alle Domänen des lokalen Netzes angezeigt.

Wenn kein *Ziel* angegeben wurde, werden alle Computer in der lokalen Domäne angezeigt.

openfiles

Zeigt (lokal oder über das Netzwerk) geöffnete Dateien an oder trennt diese.

`openfiles /disconnect` [`/s` *Computer* [`/u` *Benutzer* [`/p` [*Passwort*]]]]
    [`/op` *Dateiname*] /{`id` *DateiID* | `/a` *Benutzer* | `/o` *Modus*}

Trennt geöffnete Dateien auf *Computer* anhand ihrer ID, des *Benutzers*, des Öffnungsmodus (**read**, **write** oder **read/write**) oder des *Dateinamens*. Für alle diese Parameter kann ein Stern (*) als Wildcard angegeben werden.

`openfiles /query` [`/s` *Computer* [`/u` *Benutzer* [`/p` [*Passwort*]]]]
    [`/fo` {**table** | **list** | **csv**}] [`/nh`] [`/v`]

Zeigt geöffnete Dateien an. Das Ausgabeformat kann tabellarisch, in Listenform oder im CSV-Format sein. **/nh** unterdrückt die Ausgabe von Spaltenüberschriften. **/v** zeigt ausführliche Informationen an.

```
openfiles /local [on | off]
```

Aktiviert bzw. deaktiviert das globale Systemflag *Maintain Objects List*, das zur Anzeige lokal geöffneter Dateien aktiviert sein muss.

rasdial AllOS

```
rasdial Eintrag [Benutzer {Passwort | *} [/Domain:Domäne]]
    [Optionen]
rasdial [Eintrag] /Disconnect
```

In der Syntax der ersten Zeile wählt der Befehl über den RAS-Dienst einen Eintrag aus dem Telefonbuch an, und in der zweiten Zeile beendet er eine bestehende Verbindung. Wird anstelle eines Passworts ein Sternchen (*) angegeben, wird nach einem Passwort gefragt.

Optionen

/Phone:*Nummer*
   Wählt die Telefonnummer.

/PhoneBook:*Datei*
   Verwendet das angegebene Telefonbuch, dann das Standardtelefonbuch (%SystemRoot%\System32\RAS*Benutzername*.pbk).

/CallBack:*Nummer*
   Definiert eine Rückrufnummer.

/PrefixSuffix
   Verwendet die TAPI-Wählregeln.

srvcheck W2k3RK

```
srvcheck \\Computername
```

Zeigt alle Freigaben (Shares) mit deren Zugriffsberechtigungen auf dem angegebenen Computer an.

Administration von Microsoft-Netzwerkdiensten

dnscmd W2k3ST, W2k8, W2k8R2

```
dnscmd [Server] /Hauptoption Weitere_Argumente
```

Administriert einen DNS-Server. Das Format des Befehls variiert je nach Funktion des Servers. *Server* gibt den anzusprechenden DNS-Server an; standardmäßig wird der aktuelle DNS-Server verwendet. Ein Punkt spezifiziert das lokale System. *Hauptoption* gibt die durchzuführende Aktion an. Im Folgenden sehen Sie die wichtigsten Befehle im Überblick:

Optionen

/Info [*Eigenschaft*]

Zeigt grundsätzliche Informationen über den angegebenen DNS-Server an, ggf. begrenzt auf die angegebenen Eigenschaften. Die Liste der Eigenschaften finden Sie in der Hilfe des Befehls.

/Statistics [*Filtermaske*] [**/Clear**]

Zeigt die Statistiken des DNS-Servers an. Die Ausgabe kann über eine Maske gefiltert werden (die Komponenten der Maske sind in der Hilfe des Befehls definiert). **/Clear** setzt alle Zähler auf null, die diese Option unterstützen.

/EnumZones [*/Typ*] [**/Forward** | **/Reverse**]

Zählt die Zonen eines DNS-Servers auf. */Typ* beschränkt die Liste der DNS-Server auf einen bestimmten Typ (primärer, sekundärer oder Cache-only-DNS-Server). **/Forward** bzw. **/Reverse** beschränkt die Liste auf Forward- oder Reverse-Lookup-Zonen.

/EnumRecords *Zone Knoten* [*Weitere-Optionen*]

Listet alle Einträge der angegebenen DNS-Subdomäne auf. *Zone* gibt die gewünschte Zone an, und *Knoten* definiert innerhalb der Zone den Startpunkt der Ausgabe. *Node* muss entweder @ (Root der Zone), ein FQDN (Fully Qualified Domain Name) eines Knotens in der Zone oder ein einfacher Name sein, der relativ zur Zone interpretiert wird. Weitere Optionen erlauben die Beschränkung der auszugebenden Einträge. Nähere Informationen sowie die komplette Liste erhalten Sie in der Hilfe des Befehls.

/Config [*Zone* | **..AllZones**] *Eigenschaft hex-wert*

Setzt verschiedene Parameter des DNS-Servers, entweder für die angegebene Zone oder für alle Zonen. Sie finden alle Eigenschaften in der Hilfe des Befehls.

/ClearCache

Löscht den Cache des angegebenen DNS-Servers.

/IpValidate *Test*

Führt verschiedene *Tests* der bekannten DNS-Server durch: andere DNS-Server (**/DnsServers**), Forwarder (/**Forwarders**), Root Hints (**/RootHints**) und Zonen-Master (**/ZoneMasters** *Zone*).

/ResetListenAddresses [*IP-Adresse*]
Definiert oder löscht die Liste der Rechner, die DNS-Anfragen bedienen.

/ResetForwarders [*IP-Adresse*] [**/Slave**] [**/Timeout** *Sek*]
Setzt oder löscht die Liste der DNS-Forwarder. **/Slave** definiert *Server* als Slave-DNS-Server, und *Sek* gibt die Zeitüberschreitungsdauer in Sekunden an (Standardwert ist 5).

/Restart
Startet den angegebenen DNS-Server neu.

/StartScavenging
Aktiviert den Aufräumprozess (Scavenging). Dieser Prozess sucht nach veralteten DNS-Einträgen und löscht diese. Der Aufräumprozess ist standardmäßig nicht aktiviert.

/WriteBackFiles [*Zone*]
Schreibt alle Hinweise auf das Stammverzeichnis oder die Zonendaten-Dateien eines DNS-Servers.

/AgeAllRecords *Zone Knoten* [**/Tree**] [**/F**]
Aktiviert das Altern der Zoneneinträge ab dem angegebenen Knoten. Zum Aktivieren des Alterns für die komplette Subdomäne verwenden Sie **/Tree**. **/F** unterdrückt Bestätigungsmeldungen.

/RecordAdd *Zone Name* [**/Aging**] [*ttl*] *Typ Daten*
Fügt einen Ressourceneintrag zur angegebenen Zone des angegebenen DNS-Servers hinzu. *Typ* ist der DNS-Datensatztyp, *Name* sind die primären Daten des Typs, und unter *Daten* sind verschiedene weitere Informationen definiert, die für diesen Typ von Eintrag benötigt werden. Ein Beispiel anhand eines A-Eintrags: *Name* ist der Rechnername, und *Daten* wäre die IP-Adresse des Rechners. **/Aging** aktiviert das Altern des Eintrags, ist aber standardmäßig deaktiviert. *ttl* ist die Lebenszeit (Time-to-Live) des Eintrags. Standardmäßig entspricht dieser Wert dem Wert im SOA-Eintrag.

/RecordDelete *Zone Typ Daten* [**/F**]
Löscht den angegebenen DNS-Eintrag. **/F** unterdrückt die Bestätigungsmeldung.

/NodeDelete *Zone Knoten* [**/Tree**] [**/F**]
Löscht alle DNS-Einträge auf dem angesprochenen Knoten. **/F** unterdrückt die Bestätigungsmeldungen, und **/Tree** löscht die komplette Subdomäne, beginnend ab diesem Knoten.

/ZoneInfo *Zone* [*Eigenschaften*]

Zeigt Informationen über die angegebene DNS-Zone an. Die Ausgabe kann auf *Eigenschaften* beschränkt werden. Eine vollständige Liste der Eigenschaften finden Sie in der Hilfe des Befehls.

/ZoneExport *Zone Datei*

Schreibt alle Records einer *Zone* in eine *Datei*

/ZonePrint *Zone* [**/Detail**]

Listet alle Records einer *Zone* (ggf. im Detail) auf.

/ZoneAdd [*Zone*] **/Primary /File** *Datei* [**/Load**] [**/A** *Admin*]
/ZoneAdd [*Zone*] **/Secondary** *Primäre-IPs* [**/File** *Datei* [**/Load**]]
/ZoneAdd [*Zone*] **/DSPrimary**

Erstellt eine neue DNS-Zone vom angegebenen Typ. **/File** definiert die Zonendatei, und **/Load** gibt an, dass bestehende Zonendaten daraus gelesen werden sollen.

/ZoneDelete *Zone* [**/DSDel**] [**/F**]

Löscht die angegebene *Zone*. Geben Sie **/DSDel** an, falls die Zone eine Active Directory-integrierte Zone ist. **/F** unterdrückt die Bestätigungsmeldung.

/ZoneRefresh *Zone*

Erzwingt eine sofortige Aktualisierung der angegebenen *Zone* vom primären DNS-Server.

/ZoneReload *Zone*

Lädt auf dem DNS-Server die angegebene *Zone* neu, entweder aus der Datei oder dem Active Directory.

/ZoneUpdateFromDS *Zone*

Aktualisiert auf dem DNS-Server eine Active Directory-integrierte *Zone*.

/ZonePause *Zone*

Hält die *Zone* auf dem DNS-Server an.

/ZoneResume *Zone*

Reaktiviert die angehaltene *Zone* auf dem DNS-Server.

/ZoneResetScavengeServers *Zone* [*IP-Adresse*]

Definiert bzw. setzt eine Liste der DNS-Server zurück, die den Aufräumprozess durchführen.

/ZoneResetSecondaries *Zone* [**/Secure**] [*IP-Adressen*]

Definiert oder setzt die Benachrichtigungsliste der sekundären DNS-Server der angegebenen Zone zurück. **/Secure** beschränkt den Zugriff auf die aufgeführten sekundären DNS-Server.

/ZoneResetType *Zone* **/Primary /File** *Datei* [**/A** *Admin*] [*Optionen*]
/ZoneResetType *Zone* **/Secondary** *Primäre-IPs* [**/File** *Datei*]
/ZoneResetType *Zone* **/DSPrimary** [*Optionen*]

Ändert den Typ des DNS-Servers der angegebenen *Zone*. Dabei werden die Optionen verwendet, die bereits unter **/ZoneAdd** erklärt wurden. Weitere Optionen sind **/Overwrite_Mem,** um die Zonendaten im Speicher des DNS-Servers mit denen aus dem Active Directory zu überschreiben, und **/Overwrite_DS,** um die Zonendaten im Active Directory mit den Zonendaten aus dem Speicher des DNS-Servers zu überschreiben.

/ZoneWriteBack *Zone*

Schreibt auf dem DNS-Server die Zonendaten zurück in die Datei.

/EnumDirectoryPartitions

Zeigt die DNS-Applikationsverzeichnispartitionen an.

/DirectoryPartitionInfo *FQDN* [**/Detail**]

Zeigt (ggf. detaillierte) Informationen über eine DNS-Verzeichnispartition an, die als Fully Qualified Domain Name angegeben wird.

/CreateDirectoryPartition *FQDN*

Erzeugt eine neue DNS-Verzeichnispartition.

/CreateBuiltinDirectoryPartition [**/Forest**] [**/AllDomains**]

Erzeugt die Standard-DNS-Verzeichnispartitionen für die Domäne (Name: DomainDnsZones), den Wald (**/Forest,** Name: ForestDnsZones) oder alle Domänen des Walds (**/AllDomains**).

/DeleteDirectoryPartition *FQDN*

Löscht eine DNS-Verzeichnispartition.

/EnlistDirectoryPartition *FQDN*

Fügt den Server zum Replikationssatz der angegebenen DNS-Verzeichnispartition hinzu.

/UnenlistDirectoryPartition *FQDN*

Entfernt den Server vom Replikationssatz der angegebenen DNS-Verzeichnispartition.

---

dfscmd

W2k3, W2k3AP, W2k8, W2k8R2

`dfscmd` [*Optionen*]

Konfiguriert einen DFS-Baum (Distributed File System).

Optionen

/view *DFS-Stamm**Freigabe* [**/Partial** | **/Full** | **/Batch** | ^
/BatchRestore]

> Zeigt die Volumes der angegebenen Freigabe an. **/Partial** fügt der
> Ausgabe Freigabekommentare hinzu, und **/Full** zeigt alle Server ei-
> nes jeden Volumes an. **/Batch** erzeugt eine Batch-Datei, um das DFS
> wiederherzustellen.

/map *DFS-Stamm**Freigabe**Pfad* *Server**Freigabe**Pfad* [*Kommentar*] ^
[**/Restore**]

> Fügt dem DFS-Baum an der angegebenen Stelle ein freigegebenes
> Verzeichnis hinzu. **/Restore** unterdrückt alle Überprüfungen des
> Zielservers und erzwingt die Zuordnung.

/unmap *DFS-Stamm**Freigabe**Pfad*

> Entfernt ein Volume aus dem DFS-Baum.

/add *DFS-Stamm**Freigabe**Pfad* *Server**Freigabe**Pfad* [**/Restore**]

> Fügt dem angegebenen DFS-Volume eine Replik hinzu. **/Restore** un-
> terdrückt alle Überprüfungen des Zielservers und erzwingt die Zu-
> ordnung.

/remove *DFS-Stamm**Freigabe**Pfad* *Server**Freigabe**Pfad*

> Entfernt eine Replik eines DFS-Volumes.

/move *DFS-Stamm**Freigabe**Pfad1* *DFS-Stamm**Freigabe**Pfad2*
[**/Force**]

> Verschiebt einen Ordner im DFS-Namensraum an einen anderen lo-
> gischen Pfad. Optional werden bestehende Links ersetzt (**/Force**).

---

dfsutil   W2k3ST, Vista, W2k8, 7, W2k8R2

dfsutil *Hauptoption Weitere_Argumente*

Mächtiges Tool zur Administration des verteilten Dateisystems (DFS),
ist unter Vista/7 nur nach Installation der RSAT-Tools vorhanden.

Mit Server 2008 ändert sich die Syntax dieses Befehls grundlegend. Als
Besonderheit kann jedoch mit der Option **/OldCLI** auf die alte Syntax
umgeschaltet werden, die weiter unten beschrieben ist.

dfsutil Root

Verwaltet DFS-Stämme.

DFS-Stamm

> Zeigt Informationen zum als UNC-Pfad angegebenen *DFS-Stamm* an.

AddDom *DFS-Stamm* [*Version*] [*Kommentar*]

Erstellt einen domänenbasierten *DFS-Stamm*, optional mit Angabe einer *Version* (**V1**, kompatibel mit Windows 2000, oder **V2**, kompatibel mit Windows Server 2008) und eines *Kommentars*.

AddStd *DFS-Stamm* [*Kommentar*]

Erstellt einen eigenständigen *DFS-Stamm*, optional mit Angabe eines *Kommentars*.

Remove *DFS-Stamm*

Löscht einen *DFS-Stamm*.

Export *DFS-Stamm Datei*

Schreibt die Konfiguration eines *DFS-Stamms* in *Datei*.

Import Set *Quelle Ziel-DFS-Stamm*

Importiert die Konfiguration eines DFS-Stamms von einem anderen Stamm (in diesem Fall ist *Quelle* ein UNC-Pfad) oder aus einer Datei, die mit **dfsutil Root Export** erzeugt wurde (dann ist *Quelle* der Dateiname) in einen *Ziel-DFS-Stamm*. Dieser wird dabei überschrieben!

Import Merge *Datei Ziel-DFS-Stamm*

Importiert die Konfiguration eines DFS-Stamms aus einer *Datei*, die mit **dfsutil Root Export** erzeugt wurde, in einen *Ziel-DFS-Stamm*. Die Informationen aus der Datei werden mit den im Stamm vorhandenen Daten zusammengeführt.

Import Compare *Quelle Ziel-DFS-Stamm*

Vergleicht die Konfiguration eines DFS-Stamms (*Quelle* kann ein UNC-Pfad zu einem DFS-Stamm oder eine mit **dfsutil Root Export** erzeugte Datei sein) mit einem *Ziel-DFS-Stamm*.

dfsutil Link

Verwaltet Verknüpfungen im DFS.

Add *DFS-Pfad Freigabepfad*

Bindet eine Freigabe in den DFS-Namensraum ein.

Remove *DFS-Pfad*

Entfernt eine Freigabe aus dem DFS-Namensraum.

Move *DFS-Pfad-Alt DFS-Pfad-Neu* [**Replace**]

Verschiebt eine Verknüpfung innerhalb eines DFS-Namensraums. Optional wird ein bestehender Zielordner ersetzt (**Replace**).

dfsutil Target

Verwaltet Verknüpfungsziele im DFS.

Add [*DFS-Verknüpfung*] *Freigabepfad*
> Ohne Angabe einer *DFS-Verknüpfung* wird ein neuer DFS-Stamm-server zum DFS-Stamm hinzugefügt. Ansonsten wird *Freigabepfad* als weiteres Ziel zur vorhandenen *DFS-Verknüpfung* hinzugefügt.

Remove [*DFS-Verknüpfung*] *Freigabepfad*
> Ohne Angabe einer *DFS-Verknüpfung* wird ein DFS-Stammserver vom DFS-Stamm entfernt. Ansonsten wird *Freigabepfad* als Ziel von einer *DFS-Verknüpfung* entfernt.

dfsutil Property

Zeigt oder ändert Eigenschaften des DFS-Namensraums, die hier aus Platzgründen nur stichwortartig aufgeführt sind: Berücksichtigung von Standortkosten (**Sitekosting**), Root Scalability-Modus (**RootScalability**), Access Based Enumeration (**ABDE**), Clients greifen nur auf Ziele im eigenen Standort zu (**Insite**), Failback-Verhalten von Clients nach Ausfall eines DFS-Ziels (**TargetFailback**), Berechtigungen einer Verknüpfung (**Acl**), Onlinestatus eines Stammservers oder einer Verknüpfung (**State**), Timeout-Intervall einer Verknüpfung (**TTL**), Priorität einer Verknüpfung (**PriorityRank**), Prioritätsklasse einer Verknüpfung (**PriorityClass**), Beschreibung/Kommentar eines Namensraums oder einer Verknüpfung (**Comment**).

dfsutil Client

Verwaltet Daten von DFS-Clients. Hier ist nur die wichtigste Option aufgeführt.

SiteInfo *DFS-Client*
> Zeigt den Standort eines über den Computernamen oder die IP-Adresse spezifizierten *DFS-Clients* an.

dfsutil Server

Zeigt ohne weitere Parameter an, welche DFS-Stämme ein Server beherbergt.

Registry *Optionen*
> Zeigt oder ändert Registry-Werte, die folgende Eigenschaften eines DFS-Servers beeinflussen: Verwende FQDNs statt NetBIOS-Namen in Verweisen (**DfsDnsConfig**), Timout-Intervall bei LDAP-Abfragen (**LdapTimeoutValue**), Häufigkeit der Abfrage des PDC-Emulators

durch Stammserver (**SyncInterval**), Sortierreihenfolge von Verweisen außerhalb des Clientstandorts (**SiteCostedReferrals**), Nur Verweise im Clientstandort zurückgeben (**InsiteReferrals**), Setze den Anmelde-DC an die Spitze der Verweisliste (**PreferLogonDC**).

dfsutil Diag

Bietet verschiedene Diagnosemöglichkeiten.

UnMapDomRoot | **Clean** *Optionen*
Spezielle Befehle zum Löschen von Verweisen auf nicht mehr vorhandene DFS-Stämme.

ViewDfsDirs *Laufwerk* [**RemoveReparse**]
Zeigt alle Verzeichnisse des angegebenen *Laufwerks* (Format: Buchstabe gefolgt von Doppelpunkt) an, die einen DFS-Reparse Point enthalten. Der optionale Parameter **RemoveReparse** löscht alle gefundenen Reparse Points.

ViewDfsPath *DFS-Pfad*
Löst einen *DFS-Pfad* auf und zeigt an, auf welchen UNC-Pfad er verweist.

dfsutil Domain Domänenname

Zeigt alle domänenbasierten DFS-Namensräume in der angegebenen Domäne an.

dfsutil Cache

Zeigt den Inhalt von oder löscht DFS-Caches.

Domain [**Flush**]
Anzeige oder Löschen (**Flush**) des Domänen-Cache.

Referral [**Flush**]
Anzeige oder Löschen (**Flush**) des Verweise-Cache.

Provider [**Flush**]
Anzeige oder Löschen (**Flush**) des Provider-Cache.

Alte Syntax: Optionen für Server und Client

/view:*DFS-Stamm**DFS-Verknüpfung* [**/dcname:***Name*] [**/LEVEL:1**]
Zeigt die Konfigurationsinformationen für die angegebene DFS-Verknüpfung an. **/LEVEL:1** erzeugt eine detaillierte Ausgabe.

/addroot: *DFS-Stamm* **/server:***Server* **/share:***Freigabe*
Erzeugt einen neuen DFS-Stamm auf *Server* in *Freigabe*.

/unmap:*DFS-Stamm**DFS-Verknüpfung* **/root:***Server**Freigabe*
> Entfernt die in **/root** angegebene Freigabe vom angegebenen DFS-Stamm.

Alte Syntax: Client-Optionen

/pktinfo
> Zeigt Informationen zum DFS-Partitions-Cache an.

/pktflush
> Löscht den Partition Knowledge Table-Cache (den Cache, in dem der Client Informationen über die DFS-Infrastruktur speichert).

Anmerkung: Um auf diesen Befehl zugreifen zu können, müssen unter Server 2003 die Support Tools installiert sein, unter Server 2008 (R2) der Rollendienst »DFS-Namespaces«. Unter Windows Vista und 7 ist die Windows-Funktion »DFS-Tools« zu aktivieren (sie wird mit Installation der Remoteserver-Verwaltungstools verfügbar).

---

netsh XP, W2k3, Vista, W2k8, 7, W2k8R2

netsh [**-c** *Kontext*] [**-r** *Computer*] [**-u** *Benutzer*] [**-p** *Passwort* | ***]
   [*Befehl* | **-f** *Skriptdatei*]

Das Administrationswerkzeug des Netzwerk-Subsystems. Dieses Tool kann entweder interaktiv oder per Skriptdatei gesteuert werden. Der Aufruf ohne Parameter startet den Befehl im interaktiven Modus, in dem er an der eigenen Kommandozeile Eingaben entgegennimmt (**help** oder ? zeigt jederzeit eine kontextbezogene Hilfe an). Aufgrund des begrenzten Platzangebots und der Mächtigkeit des Befehls sei für eine vollständige Beschreibung auf die (Online-)Hilfe verwiesen.

Verfügbare Kontexte

Abhängig von der Betriebssystemversion, sind nicht alle Kontexte verfügbar.

aaaa
> Konfiguriert die Datenbank des Internet Authentication Service (IAS).

advfirewall *und* **firewall**
> Verwaltet Firewall-Richtlinien und -Konfiguration.

branchcache
> Verwaltet die Einstellungen zum Branchcache.

bridge
> Verwaltet die Netzwerkbrücke.

dhcp
> Konfiguriert den DHCP-Serverdienst.

dhcpclient
> Verwaltet den DHCP-Client.

diag
> Bietet verschiedene Befehle zur Netzwerkdiagnose.

dnsclient
> Verwaltet die DNS-Clienteinstellungen.

http
> Verwaltet den HTTP-Servertreiber *http.sys*.

interface
> Verwaltet die IP-Konfiguration (v4 und v6).

ipsec
> Verwaltet IPSec-Richtlinien.

lan *und* **wlan**
> Verwaltet drahtgebundene und drahtlose Netzwerkschnittstellen.

nap
> Verwaltet Network Access Protection.

netio
> Verwaltet Bindungsfilter.

p2p
> Verwaltet die Peer-to-Peer-Dienste von Windows Vista.

ras
> Verwaltet Remote Access-Server.

routing
> Konfiguriert den Routing- und RAS-Dienst.

rpc
> Konfiguriert die Bindungen des RPC-Dienstes.

winhttp
> Konfiguriert Proxy- und Tracing-Einstellungen des HTTP-Clients von Windows.

wins
> Konfiguriert den WINS-Serverdienst.

winsock
> Setzt u. a. die Winsock-Konfiguration zurück.

Beispiele

Hier einige Beispiele für die Verwendung von **netsh**:

`netsh interface ip set dns "LAN-Verbindung" static IP-Adresse`

Setzt den primären DNS-Server für das lokale System:

`netsh dhcp server scope Name add excluderange IF-Adresse1`
`   IP-Adresse2`

Fügt einem bereits existierenden DHCP-Adresspool einen ausgeschlossenen Bereich hinzu.

Internet Information Server

appcmd

Dieser in %SystemRoot%\System32\Ine-Srv befindliche Befehl ersetzt seit Vista/2008 die verschiedenen Konfigurationstools für den IIS. Da **appcmd** alle Aspekte der IIS7-Konfiguration in sich vereinigt, ist das Tool sehr mächtig. Die generelle Syntax lautet:

`appcmd Befehl Objekttyp [ID] [/Parameter1:Wert1 ...] [Optionen]`

Folgende *Objekttypen* des IIS werden unterstützt: Anwendung (**app**), Anwendungspools (**apppool**), Sicherungen (**backup**), Konfigurationsabschnitte (**config**), Servermodule (**module**), HTTP-Anforderungen (**request**), Sites (**site**), Ablaufverfolgungsprotokolle (**trace**), virtuelle Verzeichnisse (**vdir**) und Arbeitsprozesse (**wp**).

Je nach *Objekttyp* werden unterschiedliche *Befehle* unterstützt. Folgende vier Kommandos gelten für alle Objekte:

add

Erstellt ein neues Objekt des angegebenen Typs und Namens/Pfads (*ID*) mit den angegebenen *Parametern*.

delete

Löscht das Objekt des angegebenen Namens/Pfads (*ID*).

list

Gibt die Objekte des angegebenen Typs aus Optional kann mit *ID* ein bestimmtes Objekt ausgewählt und/oder nach Objekten gefiltert werden, bei denen einzelne *Parameter* geforderte *Werte* haben.

set

Setzt einen oder mehrere *Parameter* beim durch *ID* spezifizierten Objekt.

Einzelne Objekttypen haben weitere Befehle. Bitte entnehmen Sie diese der Hilfe zum Befehl.

Optionen

/commit:*Pfad*

Schreibt Konfigurationsänderungen an den angegebenen *Pfad*, an dessen Stelle auch folgende Angaben gültig sind: **apphost** (auf Serverebene in applicationHost.config), **app** (Applikationsstamm in web.config), **site** (Site-Stamm in web.config), **url** (Standard – schreibt auf der Ebene, für die die Konfiguration gesetzt wird).

/config[:*]

Ausgabe der unverarbeiteten XML-Konfigurationsdaten (mit Sternchen auch der vererbten Daten).

/in

Liest die Eingabe im XML-Format von der Standardeingabe.

/text[:*Attribut* | *]

Ausgabe des angegebenen oder aller *Attribute* in Textform.

/xml

Ausgabe in XML statt als Text. Kann als Eingabe für **/in** verwendet werden.

Beispiele

`appcmd list sites /state:stopped`

Zeigt alle gestoppten Sites.

`appcmd add site /name:NewSite /id:2 /bindings:"http/*:81:"`
`/physicalPath:"C:\WWWRoot\NewSite"`

Erstellt eine neue Site mit einigen Eigenschaften.

`appcmd delete site "NewSite"`

Löscht eine Site.

`appcmd add backup "Sicherung"`

Erstellt ein Backup eines bestimmten Namens.

`appcmd restore backup "Sicherung"`

Spielt ein Backup eines bestimmten Namens zurück.

convlog W2k3

convlog [*Optionen*] *Protokolldatei*

Konvertiert Protokolldateien aus dem IIS- in das NCSA-Format.

iisback.vbs W2k3, W2k3AP

iisback.vbs [*Optionen*] [**/s** *Server*] [**/u** *Benutzer*] [**/p** *Passwort*]

Erstellt und verwaltet Backups der IIS-Konfiguration (Metabasis und Schema). Das Skript läuft unter Windows XP und Server 2003, kann jedoch nur zur Administration von IIS Version 6 verwendet werden.

iiscnfg.vbs W2k3, W2k3AP

iiscnfg.vbs [*Optionen*] [**/s** *Server*] [**/u** *Benutzer*] [**/p** *Passwort*]

Importiert und exportiert Metabasis-Einstellungen oder kopiert die gesamte IIS-Konfiguration (Metabasis und Schema) zu einem anderen Computer. Das Skript läuft unter Windows XP und Server 2003, kann jedoch nur zur Administration von IIS Version 6 verwendet werden.

iisvdir.vbs W2k3, W2k3AP

iisvdir.vbs [*Optionen*] [**/s** *Server*] [**/u** *Benutzer*] [**/p** *Passwort*]

Erstellt und löscht virtuelle Verzeichnisse von Websites. Das Skript läuft unter Windows XP und Server 2003, kann jedoch nur zur Administration von IIS Version 6 verwendet werden.

iisweb.vbs W2k3, W2k3AP

iisweb.vbs [*Optionen*] [**/s** *Server*] [**/u** *Benutzer*] [**/p** *Passwort*]

Erstellt, löscht und konfiguriert Websites. Das Skript läuft unter Windows XP und Server 2003, kann jedoch nur zur Administration von IIS Version 6 verwendet werden.

iisreset W2k, XP, W2k3, Vista, W2k8, 7, W2k8R2

iisreset [*Server*] [*Optionen*]

Verwaltet den Internet Information Services-(IIS-)Dienst auf *Server*.

Optionen

/Restart | /Start | /Stop | /Status

Startet den IIS neu (**/Restart** ist die Standardeinstellung), startet den IIS (**/Start**), stoppt den IIS (**/Stop**) oder zeigt den Status des IIS-Dienstes an (**/Status**).

/Enable | /Disable

Aktiviert bzw. deaktiviert das Neustarten des IIS-Dienstes.

/RebootOnError [/Timeout:s]

Falls eine Start-, Stopp- oder Neustart-Operation fehlschlägt, wird der Server neu gestartet (ggf. bis zu *s* Sekunden auf die erfolgreiche Durchführung der Operation warten).

/NoForce

Falls das Stoppen des IIS-Dienstes nicht erfolgreich ist, den Prozess nicht zum Beenden zwingen, sondern auf eine erfolgreiche Stopp-Operation warten. Das Erzwingen eines gestoppten IIS-Prozesses ist die Standardeinstellung.

Benutzer und Gruppen

delprof

`delprof [/c:\\Server] [Optionen]`

Löscht Benutzerprofile auf dem lokalen oder auf dem angegebenen Computer.

Optionen

/q

Unterdrückt alle Bestätigungsmeldungen.

/d:Tage

Gibt die Anzahl der Tage an, die das Profil mindestens nicht mehr verwendet worden sein darf. Der Standardwert ist 0.

/r

Löscht nur lokal zwischengespeicherte Roaming Profiles.

kixtart

Kixtart ist ein mächtiger Logon-Skript-Prozessor (*http://www.kixtart. org*), der die Erstellung von Benutzer-Anmeldeskripten stark vereinfacht.

Zu den zahlreichen Funktionen gehören die Abfrage von Gruppenmitgliedschaften, das Trennen und Verbinden von Laufwerken und Druckern sowie die Abfrage und das Setzen von Registrierungswerten. Die umfangreiche Dokumentation in der Datei kix32.doc enthält eine detaillierte Beschreibung der Funktionen.

net group AllOS

Zeigt eine globale Gruppe an oder ändert sie. **/domain** bedeutet, dass der Befehl auf einem Domänencontroller ausgeführt wird statt auf dem lokalen System.

net group

Zeigt die Namen globaler Gruppen in der aktuellen Domäne an.

net group *Name* [*Benutzer*] [**/add**] [**/domain**]

Legt eine Gruppe an oder fügt *Benutzer* zu einer existierenden Gruppe hinzu.

net group *Name* [*Benutzer*] **/delete** [**/dcmain**]

Löscht eine Gruppe oder entfernt *Benutzer* aus einer Gruppe.

net group *Name* [**/add**] **/comment:***Beschreibung* [**/domain**]

Fügt eine Beschreibung zu einer existierenden oder einer neuen Gruppe hinzu.

net localgroup AllOS

Zeigt eine lokale Gruppe an oder ändert sie. **/domain** bedeutet, dass der Befehl auf einem Domänencontroller ausgeführt wird und nicht auf dem lokalen System. Die Benutzerlisten werden mittels Leerzeichen getrennt.

net localgroup

Zeigt die Namen lokaler Gruppen in der aktuellen Domäne an.

net localgroup *Name* [*Benutzer*] [**/add**] [**/domain**]

Legt eine Gruppe an oder fügt *Benutzer* zu einer bestehenden Gruppe hinzu.

net localgroup *Name* [*Benutzer*] **/delete** [**/domain**]

Löscht eine Gruppe oder entfernt *Benutzer* aus einer Gruppe.

```
net localgroup Name [/add] /comment:Beschreibung [/domain]
```

Fügt eine Beschreibung zu einer existierenden oder einer neuen Gruppe hinzu.

net user

```
net user Benutzername [Passwort|*] ^
    [/add [Optionen] | /delete] [/domain]
```

Erlaubt das Anlegen und Verändern von Benutzerkonten. Auf den Benutzernamen kann ein Passwort oder ein Sternchen (*) folgen, wenn das Passwort bei der Eingabeaufforderung eingegeben werden soll. Ohne Optionen zeigt der Befehl alle Benutzerkonten der Domäne oder der lokalen Arbeitsstation an.

Optionen

/add | /delete
Erstellt (**/add**) oder löscht (**/delete**) das angegebene Benutzerkonto. Standardmäßig wird ein existierendes Konto verändert.

/domain
Führt den Befehl auf dem primären Domänencontroller aus.

/active:{yes | no}
Aktiviert oder deaktiviert das Konto.

/fullname: *Text*
Der Name des Benutzers.

/expires: {*Datum* | **never**}
Das Ablaufdatum des Kontos, falls gewünscht.

/homedir: *Pfad*
Das Stammverzeichnis.

/logonpasswordchg:{yes | no}
Definiert, ob das Passwort bei der nächsten Anmeldung geändert werden muss.

/passwordchg:{yes | no}
Definiert, ob das Passwort durch den Benutzer geändert werden kann.

/passwordreq:{yes | no}
Definiert, ob für dieses Konto ein Passwort vorhanden sein muss.

/profilepath: *Pfad*
> Pfad zum Benutzerprofil dieses Kontos.

/scriptpath: *Pfad*
> Pfad zum Anmeldeskript dieses Benutzers.

/times: {**all** | *Zeiten*}
> Erlaubte Anmeldezeiträume.

/workstations: *Liste*
> Beschränkt die Anmeldung auf die angegebenen Rechner (maximal acht Einträge).

/comment: *Zeichenfolge*, **/usercomment:** *Zeichenfolge*
> Beschreibende Kommentare zu diesem Konto.

/countrycode: *n*
> Betriebssystem-Ländercode (0 bedeutet, dass der Standardwert des Rechners verwendet wird).

---

whoami

Zeigt Informationen aus dem Access Token des angemeldeten Benutzers an (u. a. Gruppenmitgliedschaften und Privilegien/Rechte).

```
whoami [/upn | /fqdn | /logonid]
```

Zeigt den Anmeldenamen im NTLM-Format (*Domäne\Benutzer*), den User Principal Name (**/upn**), den Benutzernamen samt vollqualifiziertem Domänennamen (**/fqdn**) oder die Anmeldekennung bzw. Logon SID (**/logonid**) an.

```
whoami [[/user] [/groups] [/priv]] | /all] [/fo {table | list |
    csv}] [/nh]
```

Zeigt alle (**/all**) oder Teile der Informationen des Access Tokens an: **/user** zeigt NTLM-Anmeldename und SID, **/groups** alle Gruppenmitgliedschaften (auch verschachtelte und »spezielle« Gruppen) und **/priv** die dem Konto zugeordneten Privilegien/Rechte samt deren Status (aktiviert oder deaktiviert). Das Ausgabeformat kann mit **/fo** gewählt werden. **/nh** unterdrückt die Ausgabe von Spaltenüberschriften.

Anmerkung: Hier ist die seit Vista/2008 enthaltene Version dieses Befehls beschrieben.

Active Directory

adprep

```
adprep /forestprep
adprep /domainprep [/gpprep]
adprep /rodcprep
```

Bereitet eine unter einer älteren Betriebssystemversion laufende Gesamt-struktur bzw. eine Domäne auf die Installation neuerer Domänencontroller (DCs) vor, indem u.a. das Schema erweitert und die Standard-SDs bestimmter Objekte aktualisiert werden.

Zunächst muss die Option **/forestprep** auf dem Schema-Master ausgeführt werden. Nachdem die Änderungen auf alle DCs repliziert wurden, wird **/domainprep** auf den Infrastruktur-Mastern jeder Domäne der Gesamtstruktur ausgeführt. Die Option **/gpprep** ist eine Voraussetzung für den RSOP-Planungsmodus, ändert jedoch die Berechtigungen aller Gruppenrichtlinienobjekte, was eine vollständige Replikation der GPOs zur Folge hat. Daher kann und sollte diese Option zu Zeiten geringer WAN-Auslastung durchgeführt werden. **/rodcprep** schließlich bereitet die Gesamtstruktur auf die Installation von Read-only-DCs vor, indem Berechtigungen auf Anwendungsverzeichnispartitionen angepasst werden. Dieser letzte Befehl kann von einem entfernten System aus abgesetzt werden und ist einmal pro Gesamtstruktur erforderlich.

Damit ist die Gesamtstruktur für die Installation von DCs mit neueren Betriebssystemversionen bereit, kann jedoch problemlos unbegrenzte Zeit weiter unter der älteren Betriebssystemversion laufen.

Anmerkung: Hier ist die seit Windows Server 2008 geltende Version dieses Befehls beschrieben. Das Tool selbst befindet sich auf der Betriebssystem-DVD im Verzeichnis \Sources\Adprep.

csvde, ldifde

```
csvde [Optionen]
    ldifde [Optionen]
```

Importiert bzw. exportiert Daten in das bzw. aus dem Active Directory mittels einer LDIF- (**ldifde**) oder CSV-Datei (**csvde**).

Optionen für Im- und Export

-a *BenutzerDN Passwort*
Gibt den Benutzerkontext für den Befehl an (einfache Authentifikation).

-b *Benutzer Domäne Passwort*
Gibt den Benutzerkontext für den Befehl an (SSPI-Bindung).

-i
Führt eine Import-Operation durch (Standard: Export).

-f *Datei*
Gibt den Namen der Import- bzw. Exportdatei an.

-j *Pfad*
Gibt den Pfad der Protokolldatei an.

-s *Server*
Gibt den zu verwendenden Domänencontroller an (Standard: Anmelde-DC).

-t *Port*
Gibt den Port an (Standard: 389).

-c *Alt Neu*
Wandelt beim Import Daten um. Alle gefundenen Einträge zu *Alt* werden durch *Neu* ersetzt. Zum Beispiel kann der Domänenname oder andere globale Daten in allen Datensätzen geändert werden.

-h
Verwendet SASL zur Verschlüsselung.

-u
Verwendet UNICODE statt ANSI.

-v
Generiert eine ausführliche Befehlsausgabe.

-w *Sekunden*
Legt das Timeout-Intervall für die Kommunikation mit dem LDAP-Server fest (Standard: kein Timeout).

Optionen für den Export

-d *Stamm-DN*
Gibt den Distinguished Name (DN) des Ausgangspunktes der Export-Operation an.

-p *Bereich*
Definiert den Bereich der Export-Operation: **onelevel**, **base** oder **subtree** (Standardwert).

-r *Filter*

Setzt zur Auswahl der Exportdaten einen Filter im LDAP-Format (siehe »LDAP-Suchfilter«).

-l *Attributliste*

Gibt eine durch Kommata getrennte Liste von Attributen an, die exportiert werden sollen.

-o *Attributliste*

Gibt eine durch Kommata getrennte Liste von Attributen an, die nicht exportiert werden solllen.

-m

Schließt Active Directory-spezifische Attribute aus.

-n

Schließt binäre Werte aus.

-x

Exportiert auch gelöschte Objekte, die als tombstoned markiert sind.

-g

Deaktiviert die seitenweise Suche.

Optionen für den Import

-k | **-z**

Ignoriert manche (**-k**) bzw. alle (**-z**) Fehler beim Import.

-y

Verwendet »Lazy Commit« beim Import zur Erhöhung der Leistung (Standard).

-e

Deaktiviert »Lazy Commit« beim Import.

-q *Threads*

Legt die beim Import zu verwendende Anzahl von Threads fest (Standard: einer).

dcdiag   W2k3ST, W2k8, W2k8R2

dcdiag /s:*Domänencontroller* [*Optionen*]

Testet wesentliche Aspekte der Funktionalität eines Domänencontrollers. Dazu gehören u. a. Netzwerkkonnektivität, DNS-Registrierung, Replikationstopologie und FSMO-Rollen.

Optionen

/u:_Domäne\Benutzer_ **/p:**_Passwort_ | *

> Definiert einen Benutzernamen mit Passwort zur Authentifizierung. Anstelle des Passworts kann ein Sternchen (*) angegeben werden, um an der Eingabeaufforderung nach dem Passwort gefragt zu werden.

/test:_Liste_ | **/skip:**_Liste_ [/C]

> Gibt an, welche Tests durchgeführt werden sollen. **/test** gibt eine Liste von durchzuführenden Tests an, und **/skip** gibt eine Liste von zu überspringenden Tests an (alle anderen werden durchgeführt). In beiden Fällen gibt **/c** an, dass der Test um weitere optionale Tests erweitert werden soll. In der Hilfe des Befehls finden Sie eine komplette Übersicht der Tests.

/c

> Umfangreicher Modus: Führt alle Tests außer **DcPromo** und **RegisterInDNS** durch.

/fix

> Führt als »sicher« angesehene Reparaturen durch.

/a | **/e**

> Testet alle Server des Standorts (**/a**) bzw. alle Server im gesamten Netzwerk (**/e**).

/q | **/v** [/i]

> Der Befehl wird im stillen (**/q**) bzw. ausführlichen Ausgabemodus (**/v**) ausgeführt. **/i** ignoriert unnötige Fehlermeldungen.

/f:_Datei1_ **/ferr:**_Datei2_

> Gibt eine Ausgabedatei (**/f**) und eine Datei für die Fehlerausgabe (**/ferr**) an. Falls beide Optionen verwendet werden, müssen die Dateinamen unterschiedlich sein.

---

dcgpofix
W2k3, W2k8, W2k8R2

`dcgpofix [/ignoreschema] [/Target: Domain | DC | BOTH]`

Stellt die Standarddomänen-Gruppenrichtlinienobjekte (Domänen- und/oder Domänencontroller-GPO) wieder her.

Optionen

/ignoreschema

> Prüft nicht, ob die Schemaversion zur verwendeten Programmversion passt.

/target: {domain | dc | both}
    Wiederherzustellendes GPO: Domänen-GPO, Domänencontroller-GPO oder beide.

---

dsadd

dsadd *Optionen* [**-s** *DC* | **-d** *Domäne*] [**-u** *Benutzer*] [**-p** *Passwort* | ***]
[**-q**] [**-uc** | **-uco** | **-uci**]

Fügt dem Active Directory einen der folgenden Objekttypen hinzu: Benutzer, Computer, Gruppe, Kontakt, OU, Verzeichnis-Quota. Falls angegeben, wird anstelle der Anmeldedomäne ein bestimmter DC bzw. eine bestimmte Domäne mit ggf. angegebenen Anmeldeinformationen angesprochen. **-q** (Quiet Mode) unterdrückt jegliche Ausgabe. Für Eingabe (**-uci**), Ausgabe (**-uco**) oder beide (**-uc**) kann der UNICODE-Zeichensatz verwendet werden.

Optionen

computer *ComputerDN* [**-desc** *Beschreibung*] [**-memberof** *Gruppe1DN Gruppe2DN* ...]
    Erstellt das angegebene Computerobjekt und fügt es einer oder mehreren Gruppen hinzu.

contact *KontaktDN* [**-fn** *Vorname*] [**-ln** *Nachname*] [**-display** *Anzeigename*] [**-desc** *Beschreibung*]
    Erstellt den angegebenen Kontakt.

group *GruppenDN* [**-scope** {**l** | **g** | **u**}] [**-desc** *Beschreibung*] [**-memberof** *Gruppe1DN Gruppe2DN* ...] [**-members** *Gruppe1DN Gruppe2DN* ...]
    Erstellt das angegebene Gruppenobjekt samt Mitgliedschaften. Der Parameter **-scope** legt fest, ob eine lokale, globale oder universelle Gruppe angelegt wird.

ou *OUDN* [**-desc** *Beschreibung*]
    Erstellt eine Organisationseinheit.

user *BenutzerDN* [**-fn** *Vorname*] [**-ln** *Nachname*] [**-display** *Anzeigename*] [**-desc** *Beschreibung*] [**-pwd** *Passwort* | ***] [**-memberof** *Gruppe1DN Gruppe2DN* ...]
    Erstellt den angegebenen Benutzer samt Gruppenmitgliedschaften. Sollte ein Stern als Passwort angegeben werden, wird dieses abgefragt.

quota -part *PartitionsDN* **-acct** *Konto* **-qlimit** *Limit* [**-rdn** *Name*]

Erstellt ein Verzeichnis-Quota-Objekt, das die Anzahl der Objekte in einer Verzeichnispartition begrenzt die ein bestimmtes Konto als Besitzer haben. *Konto* kann ein Benutzer, eine Gruppe oder ein Computer sein und als DN oder in der Form Domäne\Anmeldename angegeben werden. *Limit* legt die Anzahl an Objekten fest, die das angegebene Konto besitzen darf (-1 steht für unbegrenzt). Der *Name* des zu erzeugenden Quota-Objekts wird, sofern nicht angegeben, auf Domäne_KontoName gesetzt.

Für detailliertere Informationen zu den äußerst umfangreichen Optionen dieses Befehls sei auf dessen Hilfe verwiesen.

dsamain

dsamain /dbPath *NTDS.dit* **/ldapPort** *Port* [**/logPath** *<path>*] [**/adLds**]
[**/sslPort** *<number>*] [**/gcPort** *<number>*] [**/gcSslPort** *<number>*]
[**/allowUpgrade**] [**/allowNonAdminAccess**]

Stellt die gesamten Daten eines Active Directory (AD DS oder AD LDS) aus einer Sicherung, einem Schnappschuss oder einer Netzwerkfreigabe per LDAP bereit. Dieser Befehl ist nur verfügbar, wenn eine der Rollen »Active Directory-Domänendienste« oder »Active Directory Lightweight Directory Services« installiert ist. Die in dem bereitgestellten Verzeichnis gesetzten Berechtigungen werden beim Zugriff darauf berücksichtigt.

Optionen

/dbPath

Spezifiziert den Pfad zur Datenbankdatei NTDS.DIT.

/ldapPort

Spezifiziert den Port, unter dem der LDAP-Server erreichbar ist.

/sslPort

Spezifiziert den SSL-Port, unter dem der LDAP-Server erreichbar ist. Standard: ldapPort + 1.

/gcPort

Spezifiziert den Port, unter dem der globale Katalog erreichbar ist. Standard: ldapPort + 2.

/gcSslPort

Spezifiziert den SSL-Port, unter dem der globale Katalog erreichbar ist. Standard: ldapPort + 3.

/logPath

Pfad zu den Logdateien, die beim Zugriff auf das bereitgestellte Verzeichnis erzeugt werden. Wenn kein solcher Pfad angegeben wird, werden die Logdateien im Temp-Verzeichnis angelegt.

/adLds

Gibt an, dass es sich bei der zu öffnenden Verzeichnisdienstdatenbank um ein AD LDS (früher: ADAM) handelt.

/allowUpgrade

Wird benötigt, um Verzeichnisdienstdatenbanken älterer Windows-Versionen aktualisieren zu können. In einem solchen Fall muss die Datei sich auf einem beschreibbaren Datenträger (also z. B. keiner Schattenkopie) befinden.

/allowNonAdminAccess

Erlaubt den Zugriff beliebiger Benutzer. Standardmäßig können nur Domänen- oder Unternehmens-Admins der zu öffnenden Domäne zugreifen.

dsastat   W2k3ST

`dsastat -s:`*DC1*`[:`*Port*`];`*DC2*`[:`*Port*`]` `Optionen`

Vergleicht AD-Repliken. Die Optionen definieren den Typ und den Bereich des durchzuführenden Vergleichs. **-s** gibt die Domänencontroller an, zwischen denen verglichen werden soll. Als Port kann *3268* angegeben werden, um zwei globale Kataloge miteinander zu vergleichen.

dsdbutil   W2k8, W2k8R2

Interaktives Tool zur Verwaltung der Datenbanken von AD DS und AD LDS (ehemals ADAM).

dsdbutil wird ähnlich wie das ältere **ntdsutil** bedient und deckt zusammen mit **dsmgmt** dessen Funktionalität ab. Die verschiedenen Kommandos wirken sich auf eine bestimmte Instanz aus, die mit **Activate Instance** *Name* auf »NTDS« oder den Namen einer AD LDS-Instanz festgelegt wird.

dsdbutil bietet unter anderem Kommandos zum Durchführen autoritativer Wiederherstellungen, zum Ändern des von den Domänendiensten verwendeten Benutzerkontos, zur Erstellung von Installationsmedien für die DC-Installation (IFM) sowie zur Verwaltung von Schnappschüssen.

dsget *Optionen* [**-s** *DC* | **-d** *Domäne*] [**-u** *Benutzer*] [**-p** *Passwort* | *]
   [**-q**] [**-l**] [**-uc** | **-uco** | **-uci**]

Fragt Objekteigenschaften im Active Directory ab. Falls angegeben, wird anstelle der Anmeldedomäne ein bestimmter DC bzw. eine bestimmte Domäne mit ggf. angegebenen Anmeldeinformationen angesprochen. **-q** (Quiet Mode) unterdrückt jegliche Ausgabe, **-l** erstellt die Ausgabe in Listen- statt in Tabellenform. Für Eingabe (**-uci**), Ausgabe (**-uco**) oder beide (**-uc**) kann der UNICODE-Zeichensatz verwendet werden.

Optionen

computer *ComputerDN* [**-dn**] [**-samid**] [**-sid**] [**-desc**] [**-memberof** [**-expand**]] [**-part** *PartitionsDN* [**-qlimit**] [**-qused**]]
   Fragt Eigenschaften eines Computerkontos ab. **-expand** zeigt die Gruppenmitgliedschaften rekursiv inklusive aller Verschachtelungen an. **-qlimit** und **-qused** dienen zur Abfrage der Verzeichnis-Quota des Computers.

contact *KontaktDN* [**-fn**] [**-ln**] [**-display**] [**-desc**]
   Fragt Eigenschaften eines Kontakts ab.

group *GruppenDN* [**-dn**] [**-samid**] [**-sid**] [**-scope**] [**-desc**] [**-memberof** [**-expand**]] [**-members** [**-expand**]] [**-part** *PartitionsDN* [**-qlimit**] [**-qused**]]
   Fragt Eigenschaften einer Gruppe ab.

ou *OUDN* [**-desc**]
   Zeigt die Beschreibung einer Organisationseinheit an.

server *DCDN* [**-desc**] [**-dnsname**] [**-site**] [**-isgc**]
   Fragt Eigenschaften eines Domänencontrollers ab: Beschreibung, DNS-Name, Standort, Globaler Katalog.

server *DCDN* **-topobjowner** *Anzahl*
   Zeigt eine Liste der *Anzahl* Konten im Verzeichnis, die Besitzer der meisten Objekte in allen Partitionen des DCs sind. Eine *Anzahl* von 0 zeigt alle Objektbesitzer an.

server *DCDN* **-part**
   Zeigt die DNs der Partitionen des DCs an.

user *BenutzerDN* [**-fn**] [**-ln**] [**-display**] [**-desc**] [**-memberof** [**-expand**]] [**-part** *PartitionsDN* [**-qlimit**] [**-qused**]]
   Fragt Eigenschaften eines Benutzerkontos ab.

subnet *SubnetDN* [-**desc**] [-**site**] [-**loc**]
Zeigt Eigenschaften eines Subnetzes an.

site *SiteDN* [-**desc**] [-**autotopology**] [-**cachegroups**] [-**prefGCsite**]
Zeigt Eigenschaften eines Standortes an: Automatic Intersite Topology Generator eingeschaltet (-**autotopology**), Caching der Mitglieder universeller Gruppen aktiviert (-**cachegroups**), Bevorzugter GC (-**prefGCsite**).

quota [-**acct**] [-**qlimit**]
Zeigt Eigenschaften eines Quota-Objekts an.

partition *PartitionsDN* [-**qdefault**] [-**qtmbstnwt**] [-**topobjowner** *Anzahl*]
Zeigt Eigenschaften einer Verzeichnispartition an: Standardverzeichnis-Quota (-**qdefault**), prozentuale Gewichtung von tombstoned-Objekten (-**qtmbstnwt**; Objekte, die als tombstoned markiert sind, werden nur zu diesem Anteil bei der Berechnung der Quota berücksichtigt), Besitzer der meisten Objekte (-**topobjowner**).

Für detailliertere Informationen zu den äußerst umfangreichen Optionen dieses Befehls sei auf dessen Hilfe verwiesen.

---

dsmgmt W2k8, W2k8R2

Interaktives Tool zur Verwaltung von Anwendungspartitionen, FSMO-Rollen und zum Löschen von im AD verbliebenen Daten nicht mehr existenter DCs.

dsmgmt wird ähnlich wie das ältere **ntdsutil** bedient und deckt zusammen mit **dsdbutil** dessen Funktionalität ab. Die Kommandos des Befehls sind auf unterschiedliche Ebenen verteilt. Mit **quit** verlässt man jeweils eine Ebene und kehrt auf die darüberliegende zurück. **help** gibt auf jeder Ebene die verfügbaren Kommandos aus. Bevor auf einen DC zugegriffen werden kann, muss zunächst mit **connections** (auf den meisten Ebenen verfügbar) eine Verbindung zu ihm hergestellt werden.

Von den verfügbaren Kommandos sind insbesondere folgende bemerkenswert:

Metadata Cleanup
Löscht Informationen aus dem Verzeichnis, die von nicht mehr vorhandenen Domänen, DCs oder Naming Contexts (Partitionen) stammen.

Roles

Überträgt FSMO-Rollen zwischen DCs. Bietet auch einen Modus für den Fall, dass der aktuelle Inhaber einer Rolle nicht verfügbar ist (**Seize** *Rolle*).

Security Account Management

Sucht (und korrigiert optional) doppelte SIDs.

Set DSRM Password

Setzt bzw. ändert das Passwort für den Verzeichnisdienstwiederherstellungsmodus.

---

dsmod   W2k3, W2k3AP, W2k8, W2k8R2

dsmod *Optionen* [**-s** *DC* | **-d** *Domäne*] [**-u** *Benutzer*] [**-p** *Passwort* | ***]
   [**-q**] [**-uc** | **-uco** | **-uci**]

Modifiziert einen der folgenden Objekttypen im Active Directory: Benutzer, Computer, DC, Gruppe, Kontakt, OU, Partition, Verzeichnis-Quota. Falls angegeben, wird anstelle der Anmeldedomäne ein bestimmter DC bzw. eine bestimmte Domäne mit ggf. angegebenen Anmeldeinformationen angesprochen. **-q** (Quiet Mode) unterdrückt jegliche Ausgabe. Für Eingabe (**-uci**), Ausgabe (**-uco**) oder beide (**-uc**) kann der UNICODE-Zeichensatz verwendet werden.

Optionen

computer *ComputerDN* [**-desc** *Beschreibung*] [**-disabled** {**yes** | **no**}]
[**-reset**]

   Setzt die Beschreibung des Computerkontos, (de)aktiviert es oder setzt es zurück.

contact *KontaktDN* [**-fn** *Vorname*] [**-ln** *Nachname*] [**-display** *Anzeigename*] [**-desc** *Beschreibung*]

   Modifiziert die angegebenen Eigenschaften des Kontakts.

group *GruppenDN* [**-scope** {**l** | **g** | **u**}] [**-addmbr** | **-rmmbr** | **-chmbr**
Mitglied1DN Mitglied2DN ...]

   Ermöglicht das Ändern des Gruppentyps (lokal nach global bzw. umgekehrt ist prinzipiell nicht möglich bzw. nur über den Umweg über eine universelle Gruppe). Ferner können angegebene Mitglieder hinzugefügt (**-addmbr**), entfernt (**-rmmbr**) oder die existierenden Mitglieder vollständig durch die angegebenen neuen Mitglieder ersetzt werden (**-chmbr**).

ou *OUDN* [-**desc** *Beschreibung*]
    Lediglich die Beschreibung einer OU kann geändert werden.

server *DCDN* [-**desc** *Beschreibung*] [-**isgc** {**yes** | **no**}]
    Legt fest, ob ein DC Globaler Katalog ist oder nicht, und setzt die Beschreibung.

user *BenutzerDN* [-**fn** *Vorname*] [-**ln** *Nachname*] [-**display** *Anzeigename*] [-**desc** *Beschreibung*] [-**pwd** *Passwort* | *] [-**disabled** {**yes** | **no**}]
    Setzt neben diversen Eigenschaften eines Benutzers das Passwort und ermöglicht das Aktivieren bzw. Deaktivieren des Kontos.

quota *QuotaDN* [-**qlimit** *Limit*] [-**desc** *Beschreibung*]
    Setzt Beschränkung (-1 für unbegrenzt) oder Beschreibung eines Verzeichnis-Quota-Objekts.

partition *PartitionsDN* [-**qdefault** *Limit*] [-**qtmbstnwt** *Prozent*]
    -**qdefault** setzt die Standard-Quota einer Verzeichnispartition, die für alle Benutzer/Gruppen gilt, für die nicht explizit Quoten definiert wurden. -**qtmbstnwt** legt fest, zu welchem Anteil Objekte, die als tombstoned gekennzeichnet sind, bei der Berechnung der Quota berücksichtigt werden. Wenn dieser Wert beispielsweise 50 Prozent beträgt, dann kann ein Benutzer bei einem Quota-Limit von 100 entweder 100 normale oder 200 tombstoned-Objekte besitzen.

Für detailliertere Informationen zu den äußerst umfangreichen Optionen dieses Befehls sei auf dessen Hilfe verwiesen.

---

dsmove   W2k3, W2k3AP, W2k8, W2k8R2

dsmove *Optionen* [-**s** *DC* | -**d** *Domäne*] [-**u** *Benutzer*] [-**p** *Passwort* | *]
    [-**q**] [-**uc** | -**uco** | -**uci**]

Verschiebt ein Objekt innerhalb einer Domäne und/oder benennt es um (Verschieben über Domänengrenzen hinweg ist mit **movetree** möglich). Falls angegeben, wird anstelle der Anmeldedomäne ein bestimmter DC bzw. eine bestimmte Domäne mit ggf. angegebenen Anmeldeinformationen angesprochen. -**q** (Quiet Mode) unterdrückt jegliche Ausgabe. Für Eingabe (-**uci**), Ausgabe (-**uco**) oder beide (-**uc**) kann der UNICODE-Zeichensatz verwendet werden.

Optionen

ObjektDN [-**newname** *NeuerRDN*] [-**newparent** *NeuerElternDN*]
    Ändert den Namen (RDN) des Objekts oder verschiebt es in der Verzeichnishierarchie. Beide Optionen können zusammen verwendet werden.

---

dsquery W2k3, W2k3AP, W2k8, W2k8R2

```
dsquery Optionen {StartObjekt | domainroot | forestroot} [-o {dn |
    rdn | samid | upn}] [-scope {base | onelevel | subtree}] [-limit
    Limit] [-gc] [-s DC | -d Domäne] [-u Benutzer] [-p Passwort | *]
    [-q] [-l] [-uc | -uco | -uci]
```

Sucht nach Objekten im Active Directory, die den angegebenen Bedingungen genügen. Es wird ab einem angegebenen *StartObjekt* gesucht, in der ganzen Domäne (Standardwert) oder im ganzen Forest. **-o** legt fest, welches Attribut gefundener Objekte ausgegeben wird. Mit **-scope** wird die Suchtiefe festgelegt: nur das angegebene Objekt, eine Ebene darunter oder der ganze Tree (Standardwert). Die maximale Anzahl zurückzugebender Ergebnisse wird mit **-limit** begrenzt (0: alle Gefundenen; Standardwert: 100). Bei Angabe von **-gc** wird die Suche im Globalen Katalog durchgeführt. Falls angegeben, wird anstelle der Anmeldedomäne ein bestimmter DC bzw. eine bestimmte Domäne mit ggf. angegebenen Anmeldeinformationen angesprochen. **-q** (Quiet Mode) unterdrückt jegliche Ausgabe, **-l** erstellt die Ausgabe in Listen- statt in Tabellenform. Für Eingabe (**-uci**), Ausgabe (**-uco**) oder beide (**-uc**) kann der UNICODE-Zeichensatz verwendet werden.

Optionen

computer [**-name** *CN*] [**-samid** *sAMAccountName*] [**-inactive** *Wochen*] [**-stalepwd** *Tage*] [**-disabled**]

Findet Computer anhand eines oder mehrerer der Kriterien: CN oder sAMAccountName (diese können ein Sternchen als Wildcard enthalten), Anzahl inaktiver Wochen, Anzahl der Tage, in denen das Passwort nicht geändert wurde, deaktiviertes Konto.

contact [**-name** *CN*] [**-desc** *Beschreibung*]

Findet Kontakte anhand von CN und/oder Beschreibung (beide können ein Sternchen als Wildcard enthalten).

group [**-name** *CN*] [**-samid** *sAMAccountName*]

Findet Gruppen anhand von CN und/oder sAMAccountName (beide können ein Sternchen als Wildcard enthalten).

ou [**-name** *CN*] [**-desc** *Beschreibung*]

Findet OUs anhand von CN und/oder Beschreibung (beide können ein Sternchen als Wildcard enthalten).

Active Directory | 157

server [**-forest**] [**-domain** *DNSDomänenName*] [**-site** *Standort*] [**-name** *CN*] [**-isgc**] [**-hasfsmos** {**schema** | **name** | **infr** | **pdc** | **rid**}]

> Findet Domänencontroller im ganzen Forest/der angegebenen Domäne/einem Standort anhand einer oder mehrerer der folgenden Eigenschaften: CN (kann Wildcards enthalten), Globaler Katalog, Halten einer FSMO-Rolle (für **infr**, **pdc** und **rid** wird die durch den Parameter **-domain** angegebene Domäne verwendet).

site [**-name** *CN*] [**-desc** *Beschreibung*]

> Findet Standorte anhand von CN und/oder Beschreibung (beide können ein Sternchen als Wildcard enthalten).

user [**-name** *CN*] [**-upn** *UPN*] [**-samid** *sAMAccountName*] [**-inactive** *Wochen*] [**-stalepwd** *Tage*] [**-disabled**]

> Findet Benutzer anhand eines oder mehrerer der Kriterien: CN, UPN oder SAMAccountName (diese können ein Sternchen als Wildcard enthalten), Anzahl Wochen ohne Logon, Anzahl der Tage, in denen das Passwort nicht geändert wurde, deaktiviertes Konto.

quota [**-acct** *Konto*] [**-qlimit** *Limit*] [**-desc** *Beschreibung*]

> Findet Quota-Objekte anhand des zugeordneten Kontos (als DN oder in der Form *Domäne\Benutzer*), des Limits oder der Beschreibung (Letztere kann ein Sternchen als Wildcard enthalten).

partition [**-part** *CN*]

> Findet Verzeichnispartitionen anhand ihres CN (kann ein Sternchen als Wildcard enthalten).

* [**-filter** *LDAP-Filter*] [**-attr** *Attributliste* | ***]

> Findet beliebige Objekte im Active Directory anhand von Kriterien, die in einem LDAP-Suchfilter (siehe »LDAP-Suchfilter«) definiert werden. Die in der *Attributliste* (Standardwert: DN) angegebenen Attribute jedes Objekts werden zurückgegeben. Ein Stern liefert alle gesetzten Attribute zurück.

Für detailliertere Informationen zu den äußerst umfangreichen Optionen dieses Befehls sei auf dessen Hilfe verwiesen.

---

dsrm

```
dsrm ObjektDN [-subtree [-exclude]] [-noprompt] [-s DC | -d Domäne]
     [-u Benutzer] [-p Passwort | *] [-q] [-uc | -uco | -uci]
```

Löscht das angegebene Objekt im Active Directory. Falls das Objekt Kindobjekte enthält, löscht **-subtree** den ganzen Baum. In Kombination mit **-exclude** werden nur die Kindobjekte gelöscht. Die Option **-no-**

---

prompt unterdrückt die Aufforderung zur Bestätigung jedes Objekt-löschvorgangs. Falls angegeben, wird anstelle der Anmeldedomäne ein bestimmter DC bzw. eine bestimmte Domäne mit ggf. angegebenen Anmeldeinformationen angesprochen. **-q** (Quiet Mode) unterdrückt jegliche Ausgabe, **-l** erstellt die Ausgabe in Listen- statt in Tabellenform. Für Eingabe (**-uci**), Ausgabe (**-uco**) oder beide (**-uc**) kann der UNICODE-Zeichensatz verwendet werden.

dumpfsmos.cmd

dumpfsmos *Domänencontroller*

Zeigt die dem angegebenen *Domänencontroller* bekannten FSMO-Rollen-inhaber an.

gpotool

gpotool [**/domain:***Domäne*] [**/dc:***Liste*] [*Optionen*]

Validiert Gruppenrichtlinienobjekte (GPOs).

gpresult

gpresult [**/s** *System* [**/u** *Benutzer* [**/p** *Passwort*]]] [**/user** *Zielbenutzer*] [*Optionen*]

Zeigt die effektiven Gruppenrichtlinieneinstellungen (RSOP – Resultant Set Of Policies) für den aktuellen oder den angegebenen *Zielbenutzer* und/oder für das lokale oder angegebene *System* an. Die Verbindung zu *System* kann unter Verwendung von *Benutzer* und *Passwort* hergestellt werden.

Optionen

/scope {**user** | **computer**}
　　Beschränkt die Ausgabe auf Benutzer- oder Computereinstellungen.

/h | **/x** *Datei* [**/f**]
　　Speichert die Ausgabe in *Datei* entweder im HTML- (**/h**) oder im XML-Format (**/x**), wobei bestehende Dateien nur bei Angabe von **/f** überschrieben werden.

/r
　　Gibt eine RSoP-Zusammenfassung aus.

/v | /z

Erzeugt eine ausführliche (**/v**) oder sehr ausführliche (**/z**) Ausgabe. Die ausführliche Ausgabe wird empfohlen.

gpupdate

`gpupdate [/target:{computer | user}] [/force]`

Aktualisiert die Gruppenrichtlinien auf dem lokalen System. Optional lässt sich die Aktualisierung auf den Computer- oder Benutzerteil der Richtlinien mit **/target** beschränken. **/force** erzwingt auch die Aktualisierung unveränderter Einstellungen.

klist

`klist tickets | tgt | purge`

Zeigt Kerberos-Ticketinformationen an (aktuelles Ticket oder das ticketgenehmigende Ticket) oder löscht alle zwischengespeicherten Tickets (**purge**).

ksetup

`ksetup Optionen`

Konfiguriert einen Windows-Computer zur Verwendung eines MIT-Kerberos-Servers zur Benutzerauthentifizierung anstelle einer Active Directory-Domäne.

Die wichtigsten Optionen

[**/Domain** *Domäne*] [**/Server** *Server*]
    Gibt die passende Domäne und/oder den Server zur Durchführung des Befehls an.

/SetRealm *DNS-Domäne*
    Gibt den gewünschten Kerberos-Bereich an.

/MapUser *KName Name*
    Verbindet den angegebenen Kerberos-Namen mit einem lokalen Namen.

{**/AddKDC** | **/DelKDC**} *Bereich KDCName*
    Fügt eine KDC-Adresse des angegebenen Bereichs hinzu oder löscht diese.

{/AddKPasswd | /DelKPasswd} *Bereich Server*
Fügt einen Kerberos-Passwort-Server hinzu oder löscht diesen.

/ChangePassword *Alt Neu*
Ändert das Passwort des Anwenders via **KPasswd**. Benötigt **/Domain**.

/SetComputerPassword *Passwort*
Setzt das Passwort für den lokalen Computer.

ktpass

```
ktpass /Out Datei /Princ Benutzer /Pass Pass | * ^
    /MapUser [/Crypto DES-CBC-MD5]
```

Generiert eine Kerberos-Schlüsseldatei für MIT-Kerberos-Interoperabilität (kann mit einer bestehenden Datei /etc/krb5.keytab auf Unix-Systemen zusammengeführt werden). Der Hauptzweck dieses Befehls ist das Erstellen von Kontozuordnungen für Unix-basierte Kerberos-Dienste, um Active Directory-basierte KDCs (Schlüsselverteilungscenter) zu nutzen.

Die Optionen definieren den Namen der Ausgabedatei sowie den Kerberos-Namen mit Passwort. Verwenden Sie anstelle eines Passworts ein Sternchen (*), um das Passwort an der Eingabeaufforderung einzugeben. **/MapUser** erstellt die Zuordnung des Kerberos-Namens zum lokalen Konto. Dabei wird das Benutzerkonto mit dem dazugehörigen Unix-Dienst verbunden, der dem Kerberos-Namen entspricht. Die Option **/Crypto** ändert das Verschlüsselungsschema von CRC auf MD5.

movetree

```
movetree /Aktion /s Quellserver /sdn Quell-DN /d Zielserver ^
    /ddn Ziel-DN
```

Verschiebt eine Objektstruktur (eine Organisationseinheit mit darunterliegenden Objekten) des Active Directory zwischen zwei Domänen der gleichen Active Directory-Struktur (Forest).

net accounts

```
net accounts Optionen [/domain]
```

Verändert die Passwortrichtlinie des lokalen Systems oder der Domäne.

Optionen

/minpwlen:*n*

> Setzt den Minimalwert der Passwortlänge auf *n* Zeichen. Der Standardwert ist 0, und der Wert kann zwischen 0 und 14 liegen.

/maxpwage:*n*

> Stellt das Passwortalter auf maximal *n* Tage ein. Der Standardwert ist 42, und der Wert kann zwischen 1 und 49.710 liegen. Wenn **unlimited** statt *n* angegeben wurde, wird aufgrund des Alters keine Passwortänderung erzwungen.

/minpwage:*n*

> Stellt das Intervall zwischen Passwortänderungen ein. Der Standardwert ist 0, und der Wert kann zwischen 0 und 49.710 liegen.

/uniquepq:*n*

> Es werden *n* bereits genutzte Passwörter gespeichert. Der Standardwert ist 0, und der Wert kann zwischen 0 und 24 liegen.

/forcelogoff:{*Minuten* | **no**}

> Zwingt den Benutzer nach *Minuten* zur Abmeldung, nachdem die erlaubte Anmeldezeit überschritten ist. **no** ist der Standardwert und deaktiviert das erzwungene Abmelden.

---

netdom   XPST, W2k3ST, W2k8, W2k8R2

netdom *Operation* [*Optionen*]

Verwaltet Domänen und Vertrauensstellungen.

Optionen

/d:*Domäne* [**/ud:**[*Domäne*]*Benutzer* **/pd:***Passwort* | ***]

> Gibt die zu verwaltende Domäne an. Optional kann der Benutzerkontext mit Passwort zur Authentifizierung angegeben werden (* fordert zur Eingabe des Passworts an der Eingabeaufforderung auf).

/uo:[*Domäne*]*Benutzer* **/po:***Passwort* | ***

> Gibt einen Benutzernamen und ein Passwort zur Authentifizierung am zu bearbeitenden Computer an (* fordert zur Eingabe des Passworts an der Eingabeaufforderung auf).

/s:*Domänencontroller*

> Führt *Aktion* auf dem angegebenen Domänencontroller durch.

/v

> Erzeugt eine ausführliche Ausgabe.

Verfügbare Operationen

netdom join *Computer* **/d:***Domäne* [**/ou:***OU-DN*] [**/reb:**[*s*]]

Fügt *Computer* der angegebenen Organisationseinheit in *Domäne* hinzu und erstellt das Computerkonto, falls es noch nicht existiert. **/reb** veranlasst einen Neustart des Computers nach *s* Sekunden (Standard: 20).

Das Schlüsselwort **add** kann anstelle von **join** verwendet werden, um das Computerkonto in der Domäne zu erstellen, ohne *Computer* der Domäne hinzuzufügen. Die Option **/dc** kann verwendet werden, um ein Computerkonto für einen Domänencontroller zu erstellen.

netdom move *Computer* **/d:***Domäne* [**/ou:***OU-DN*] [**/reb:**[*s*]]

Verschiebt *Computer* in die angegebene Organisationseinheit in *Domäne*. **/reb** veranlasst einen Neustart des Computers nach *s* Sekunden (Standard: 20).

netdom renamecomputer *Computer* **/NewName:***NeuerName* [**/force**] [**/reb:**[*s*]]

Benennt einen Computer sowohl lokal als auch in der Domäne um. Es werden sowohl NetBIOS- als auch DNS-Hostname geändert. Mit der Option **/ud** muss ein Benutzername zur Authentifikation an der Domäne angegeben werden. **/force** unterbindet die Aufforderung zur Bestätigung durch den angemeldeten Benutzer.

netdom remove *Computer* **/d:***Domäne* [**/reb:**[*s*]]

Entfernt einen Member-Computer (keinen Domänencontroller) aus einer Domäne.

netdom {verify | reset} *Computer* **/d:***Domäne* [**/reb:**[*s*]]

Verifiziert die sichere Verbindung zwischen einem Domänenmitglied und einem Domänencontroller (**verify**) oder setzt diese zurück (**reset**).

netdom query *Eintrag* **/d:***Domäne* [**/verify**] [**/reset**]

Fragt Informationen von der angegebenen Domäne ab. *Eintrag* ist eines der folgenden Schlüsselwörter: **workstation**, **server**, **dc**, **ou**, **trust** (Vertrauensstellung), **pdc** (PDC-Emulator) oder **fsmo** (FSMO-Rolleninhaber). **trust** akzeptiert die Option **/direct**. Damit werden nur die direkt erstellten Vertrauensstellungen angezeigt und nicht die inbegriffenen.

/verify verifiziert die Funktion des sicheren Kanals, der für Vertrauensstellungen verwendet wird. **/reset** wird diese Verbindung neu synchronisieren.

netdom trust *Vertrauende-Domäne* **/d:** *Vertraute-Domäne* [*Option*]

Verwaltet Vertrauensstellungen. *Option* gibt die durchzuführende Aktion an. Die möglichen Aktionen sind unter anderem: **/add** (hinzufügen), **/remove** (entfernen), **/force** (erzwingen) ist optional bei /remove und entfernt *gewaltsam* bzw. erzwingt das Entfernen, **/verify** (überprüfen) und **/two-way**. Vertrauensstellungen können auch mit einer nicht auf Windows basierenden Kerberos-Domäne aufgebaut werden. Dazu verwenden Sie folgende Optionen: **/add** (hinzufügen), **/realm** (Bereich), **/passwordt:***pwd* (Passwort für eine neue Vertrauensstellung) und **/transitive** (für Nicht-Windows-Domänen standardmäßig deaktiviert). Die Option **/kerberos** kann mit der Option **/verify** verbunden werden, um den Befehl auf Nicht-Windows-Domänen auszuführen.

ntdsutil   W2k3, W2k3AP, W2k8, W2k8R2

`ntdsutil`

Ermöglicht besondere Wartungsaufgaben am Active Directory, u.a. Authoritative Restore und einen erzwungenen Transfer von FSMO-Rollen (wenn ein Rolleninhaber nicht mehr startet). Die Funktionalität dieses Befehls entspricht im Wesentlichen einer Kombination aus **dsdbutil** und **dsmgmt**, daher sei auf die Beschreibung dieser Befehle verwiesen.

nltest   W2k3ST, W2k8, W2k8R2

`nltest` [*Optionen*]

Ermöglicht die Abfrage umfangreicher Informationen zur Domänenkonfiguration, von denen hier nur die wichtigsten beschrieben sind. Weitere Informationen erhalten Sie in der Hilfe zum Befehl.

Optionen

/server:*Computer*

Fragt den angegebenen Computer ab.

/dclist:*Domäne*

Ermittelt die Domänencontroller von *Domäne*.

/dcname:*Domäne*

Ermittelt den PDC(-Master) von *Domäne*.

/dsgetdc:*Domäne* [*Optionen*]

Ermittelt diejenigen Domänencontroller von *Domäne*, die die in *Optionen* angegebenen Eigenschaften aufweisen. Es können angegeben werden: **/pdc** (PDC-Master), **/ds** (versucht einen DC mit Windows 2000 oder höher zu finden), **/dsp** (gibt nur DCs mit Windows 2000 oder höher zurück), **/gc** (Globaler Katalog), **/kdc** (KDC-Dienst muss laufen), **/timeserv** (Zeitserver), **/gtimeserv** (zuverlässiger Zeitserver), **/netbios** (*Domäne* ist ein NetBIOS-Name), **/dns** (*Domäne* ist ein DNS-Name), **/ip** (IP-Adresse wird ermittelt), **/force** (ermittelt alle Daten neu, Cache wird ignoriert), **/writable** (muss beschreibbar sein; gibt keine NT4-BDCs zurück), **/avoidself** (der DC, auf dem **nltest** ausgeführt wird, wird nicht zurückgegeben), **/ldaponly** (zurückgegebene Server müssen nicht zwingend DCs, sondern nur LDAP-Server sein), **/backg** (zeigt nur gecachte Daten an), **/site**:*SiteName* (sucht bevorzugt in *SiteName*), **/ret_dns** (es werden DNS-Namen zurückgegeben), **/ret_netbios** (es werden NetBIOS-Namen zurückgegeben).

/dcsgetsite
Ermittelt den Standort des abgefragten Computers.

/dcsgetsitecov
Gibt die Standorte zurück, die der angegebene Computer (muss ein DC sein) abdeckt.

/parentdomain
Ermittelt den Namen der übergeordneten Domäne.

/dsregdns
Registriert alle DC-spezifischen DNS-Einträge. Muss auf dem zu registrierenden DC ausgeführt werden. Mit der Option **/server** muss ein DNS-Server angegeben werden.

/dsderegdns:*FQDN-DC-Name*
De-registriert DC-spezifische DNS-Einträge des vollqualifiziert angegebenen DCs. Mit der Option **/server** muss ein DNS-Server angegeben werden.

---

redircmp W2k3, W2k8, W2k8R2

`redircmp` *OU-DN*

Ändert den Standardspeicherort für neu erzeugte Computerkonten auf die als Distinguished Name angegebene OU.

---

redirusr W2k3, W2k8, W2k8R2

`redirusr` *OU-DN*

Ändert den Standardspeicherort für neu erzeugte Benutzerkonten auf die als Distinguished Name angegebene OU.

---

rendom
W2k3, W2k8, W2k8R2

```
rendom /Aktion [/dc:{DC | Domäne}] [/user:Benutzer] [/pwd:Passwort
   | *]
```

Kann alle zur Umbenennung einer Domäne oder einer Gesamtstruktur nötigen *Aktionen* durchführen. Mittels der optionalen Parameter kann ein bestimmter DC oder ein beliebiger DC einer bestimmten Domäne angesprochen werden (**/dc**). Auch kann ein anderes Benutzerkonto als das aktuelle zur Herstellung der Verbindung verwendet werden.

Zur Umbenennung einer Domäne wird zunächst mit **rendom /list** die Datei domainlist.xml erzeugt, die Namensinformationen aller Domänen der Gesamtstruktur enthält. Nachdem die Namen in der XML-Datei in einem Texteditor manuell abgeändert wurden, zeigt der Befehl **rendom /showforest**, wie die neue Struktur aussehen würde. Mittels **rendom /upload** wird aus der XML-Datei ein Skript erzeugt, das in die Konfigurationspartition des Domain Naming Master hochgeladen wird. Zusätzlich wird im aktuellen Verzeichnis die Statusdatei dclist.xml erzeugt, die einen Eintrag pro DC enthält. Diese Datei sollte nach jeder weiteren Operation auf Fehler überprüft werden.

Nachdem die auf den Domain Naming Master geschriebenen Informationen auf alle DCs repliziert wurden, sollte der Befehl **rendom /prepare** ausgeführt werden, der jeden DC kontaktiert und prüft, ob er für die Umbenennung bereit ist. Nach **/prepare** muss der in dclist.xml gespeicherte Status jedes DCs »Prepared« lauten. Die eigentliche Umbenennung wird mit **rendom /execute** ausgelöst. Jeder DC, auf dem die Operation erfolgreich ausgeführt wurde, startet danach automatisch neu. In dclist.xml muss deren Status nun »Done« lauten.

Nach erfolgreicher Umbenennung muss die Sperrung der Gesamtstruktur (gegen Hinzufügen von Domänen, DCs und Vertrauensstellungen) mit **rendom /end** aufgehoben werden. Anschließend werden vom Umbenennungsvorgang zurückgebliebene Verzeichnisattribute mit **rendom /clean** entfernt.

Anmerkungen: Die Umbenennung von Domänen ist ein komplexer und fehlerträchtiger Vorgang, der nicht leichtfertig durchgeführt werden sollte. Unter Server 2003 wird **rendom** nicht automatisch mitinstalliert, kann aber samt Dokumentation bei Microsoft heruntergeladen werden: *http://technet.microsoft.com/en-us/windowsserver/bb405948.aspx*.

| **Windows-Befehle für Server 2008 R2 & Windows 7**

repadmin

repadmin *Kommando Argumente* [*Optionen*]

Verwaltet zahlreiche Aspekte der AD-Replikation. Der Befehl bietet umfangreiche Optionen, von denen hier nur die wichtigsten aufgeführt sind. Für weitergehende Informationen sei auf die Hilfe zum Befehl verwiesen (**repadmin /?**), die unter anderem verschiedene Möglichkeiten auflistet, Detailinformationen abzurufen.

Bei vielen Kommandos können einzelne oder Listen von als Verzeichnisdienst-Agenten (Directory Service Agents, DSAs) bezeichneten DCs angegeben werden. Neben IP-Adressen können hierfür DNS-Namen verwendet werden, wobei das Sternchen (*) als Platzhalter gilt. Zusätzlich können DCs anhand weiterer Kriterien bestimmt werden, von denen hier als wichtigste **site:***Standortname* erwähnt sei, was alle DCs eines AD-Standorts spezifiziert. Wird kein DSA angegeben, bezieht sich das Kommando auf das lokale System.

Optionen

/u:*Domäne\Benutzer* **/pw:***Passwort* | *
> Definiert einen Benutzernamen mit Passwort zur Authentifizierung. Anstelle des Passworts kann ein Sternchen (*) angegeben werden, um an der Eingabeaufforderung nach dem Passwort gefragt zu werden.

Einfachere Kommandos

/kcc [*DSA-Liste*] [**/async**]
> Veranlasst die sofortige Neuberechnung der eingehenden Replikationstopologie durch den Knowledge Consistency Checker (KCC) auf den durch *DSA-Liste* angegebenen DCs. Optional wird der Vorgang asynchron durchgeführt.

/queue [*DSA-Liste*]
> Zeigt die Warteschlange der eingehenden Replikationsanforderungen an.

/replicate *Ziel-DSA-Liste Quell-DSA-Name Verzeichnispartition*
> Löst die sofortige Replikation einer *Verzeichnispartition* von einem Quell-DC auf einen oder mehrere Ziel-DCs aus. Ist die Partition im Ziel schreibgeschützt, muss zusätzlich **/readonly** angegeben werden.

/replsingleobj *Ziel-DSA-Liste Quell-DSA-Name Objekt-DN*
Repliziert ein einzelnes Objekt von einem Quell-DC zu einem oder mehreren Ziel-DCs.

/replsummary *DSA-Liste*
Zeigt eine Zusammenfassung des Replikationsstatus einer Liste von DCs.

/rodcpwdrepl *Ziel-RODC-Liste Quell-DC Benutzer1-DN* [*Benutzer2-DN...*]
Repliziert die Kennwörter eines oder mehrerer Benutzer von einem *Quell-DC* auf einen oder mehrere RODCs.

/showattr *DSA-Liste Objekt-DN* [**/atts:***Attribut1,Attribut2,...*]
Ermittelt den Wert aller oder bestimmter (**/atts**) Attribute eines Objekts auf den mittels *DSA-Liste* angegebenen DCs.

/showrepl *DSA-Liste* [*Namenskontext*] [**/csv**] [**/errorsonly**]
Zeigt den Status eingehender Replikationen für die DCs der *DSA-Liste* an, optional begrenzt auf einen angegebenen *Namenskontext*. Die Ausgabe kann auf Fehler beschränkt werden (**/errorsonly**) sowie im CSV-Format erfolgen.

/syncall *DSA-Liste* [*Namenskontext*] [*Optionen*]
Repliziert die DCs einer *DSA-Liste* mit allen Replikationspartnern im gleichen Standort. Ohne Angabe eines *Namenskontexts* wird die Konfigurationspartition repliziert. An *Optionen* stehen u.a. zur Verfügung: Replikation aller Namenskontexte (**/A**), auch standortübergreifende Replikation (**/e**), nur Replikation zwischen benachbarten Servern (**/j**).

/prp

Verwaltet die Kennwortrichtlinie für Read-Only Domain Controller (RODCs). Das Kommando kann sich auf einen einzelnen RODC beziehen, der dann durch seinen Namen bezeichnet wird. Stattdessen kann für *RODC-Name* auch ein Sternchen (*) angegeben werden, wodurch sich das Kommando auf alle RODCs bezieht. Das Sternchen ist nur beim Verschieben (**move**) nicht erlaubt. Sicherheitsprinzipale (Benutzer, Gruppen, Computer) werden als Distinguished Names (DNs) angegeben.

view *RODC-Name* {*Liste* | *Benutzer*}
Zeigt entweder die aktuelle Kennwortreplizierungsrichtlinie für einen *Benutzer* oder die auf einer der folgenden vier *Listen* enthaltenen Sicherheitsprinzipale (Benutzer/Computer): die vom RODC authen-

tifizierten Prinzipale (**auth2**), die Prinzipale, deren Kennwörter vom RODC verwaltet werden (**reveal**), Prinzipale, deren Kennwörter vom RODC zwischengespeichert werden dürfen (**allow**) bzw. nicht zwischengespeichert werden dürfen (**deny**).

add *RODC-Name* **allow** *Prinzipal*
> Fügt einen *Sicherheitsprinzipal* der Zulassungsliste eines oder aller ROCDs hinzu. Die angegebenen RODCs dürfen Kennwörter der Mitglieder der Liste zwischenspeichern.

delete *RODC-Name* {**allow** | **auth2**} {*Prinzipal* | **/all**}
> Löscht einen oder alle *Sicherheitsprinzipale* von der Zulassungsliste (**allow**) oder löscht die Liste der Prinzipale, die vom RODC authentifiziert wurden (**auth2**). Bei letzterer Option ist nur **/all** zulässig.

move *RODC-Name Gruppe* [**/noauth2cleanup**] [**/users_only** | **/comps_only**]
> Verschiebt alle Prinzipale aus der auth2-Liste in eine *Gruppe*, die erstellt wird, falls sie noch nicht besteht. Zusätzlich wird die *Gruppe* in die Zulassungsliste des *RODC* eingefügt. Optional werden die Prinzipale kopiert statt verschoben (**/noauth2cleanup**), oder es werden entweder nur Benutzer- (**/users_only**) oder nur Computerkonten berücksichtigt (**/comps_only**).

---

search.vbs   W2k3ST

[`cscript`] `search.vbs LDAP://`*Stamm-DN* [*Optionen*]

Durchsucht das Active Directory anhand der angegebenen Kriterien ausgehend vom angegebenen Distinguished Name *Stamm-DN* (beispielsweise dc=domain,dc=com). **cscript** muss nicht eingegeben werden, wenn **cscript** die WSH-Standardeinstellung ist.

---

secedit   XP, W2k3, Vista, W2k8, 7, W2k8R2

Dient zur Erstellung und Anwendung von Sicherheitsvorlagen, mit denen sich die Sicherheitseinstellungen eines Computers konfigurieren lassen.

secedit /export [**/db** *Datenbankdatei*] **/cfg** *Vorlagendatei* [**/areas** *bereich1* [*bereich2*] [*...*]] [**/mergedpolicy**] [**/log** *Logdatei*]

Exportiert die Sicherheitseinstellungen aus *Datenbankdatei* oder die lokalen Systemeinstellungen nach *Vorlagendatei*. Wenn **/mergedpolicy** angegeben wurde, werden die effektiven Einstellungen (Domäne plus lokal) exportiert, ansonsten nur die lokalen Einstellungen. Dabei kann die Ausgabe mit **/areas** auf bestimmte Bereiche beschränkt werden.

secedit /import /db *Datenbankdatei* **/cfg** *Vorlagendatei* [**/areas**
    bereich1 [*bereich2*] [...]] [**/overwrite**] [**/log** *Logdatei*] [**/quiet**]

Importiert die Sicherheitseinstellungen aus *Vorlagendatei* in *Datenbankdatei*, die bei Angabe von **/overwrite** vorher geleert wird. Mit **/areas** kann der Import auf bestimmte Bereiche beschränkt werden.

secedit /configure /db *Datenbankdatei* [**/cfg** *Vorlagendatei*] [**/areas**
    bereich1 [*bereich2*] [...]] [**/overwrite**] [**/log** *Logdatei*] [**/quiet**]

Importiert, falls angegeben, die Sicherheitseinstellungen aus *Vorlagendatei* in *Datenbankdatei*, die bei Angabe von **/overwrite** vorher geleert wird. Die resultierenden Sicherheitseinstellungen werden anschließend angewendet. Mit **/areas** kann der Import auf bestimmte Bereiche beschränkt werden.

secedit /generaterollback /cfg *Vorlagendatei* **/rbk** *Rollbackvorlage*
    [**/log** *Logdatei*] [**/quiet**]

Erstellt eine *Rollbackvorlage*, die zum Rückgängigmachen der in *Vorlagendatei* enthaltenen Einstellungen verwendet werden kann.

secedit /analyze /db *Datenbankdatei* [**/cfg** *Vorlagendatei*]
    [**/overwrite**] [**/log** *Logdatei*] [**/quiet**]

Vergleicht die aktuellen Sicherheitseinstellungen mit denen einer Datenbankdatei, in die ggf. vor dem Vergleich die *Vorlagendatei* importiert wird. Die Ergebnisse werden in einen gesonderten Bereich der Datenbank geschrieben und können mit dem MMC-Snap-In »Sicherheitskonfiguration und -analyse« eingesehen werden.

secedit /validate *Vorlagendatei*

Überprüft die Syntax der *Vorlagendatei*.

Optionen

/db *Datenbankdatei*
    Gibt eine Datenbankdatei (Endung: SDB) für die Operation an. Die Datei wird erstellt, falls die Datei beim Import noch nicht existiert.

/cfg *Vorlagendatei*
    Gibt eine Vorlagendatei (Endung: INF) für die Operation an.

/areas *Bereich1* [*Bereich2*] ...
    Beschränkt die Operation auf einen oder mehrere der folgenden Bereiche: **securitypolicy** (Kontorichtlinien, Überwachungsrichtlinien,

Ereignisprotokolleinstellungen und Sicherheitsoptionen), **group_
mgmt** (Eingeschränkte Gruppen), **user_rights** (Benutzerrechte und
Privilegien), **regkeys** (Berechtigungen in der Registrierung), **filestore**
(Berechtigungen im Dateisystem), **services** (Einstellungen für Systemdienste).

/log *Protokolldatei*
> Schreibt das Protokoll der Operation in *Protokolldatei*. Falls **/log**
> nicht angegeben wurde, wird das Protokoll in %SystemRoot%\security\logs\scesrv.log gespeichert.

/quiet
> Es erfolgen keine Sicherheitsabfragen zur Bestätigung.

---

setspn

`setspn` *Optionen* [`-p`]

Verwaltet Service Principal Names im Active Directory. Mittels **-p** wird
die Anzeige des Fortschritts unterdrückt, was beim Umleiten der Ausgabe in eine Datei sinnvoll ist.

Optionen

-l *Computer*
> Zeigt alle für einen *Computer* registrierten SPNs an.

-q *SPN*
> Prüft, ob der angegebene *SPN* im Verzeichnis existiert.

-x
> Sucht nach doppelten SPNs.

-a *SPN Computer*
> Fügt einen beliebigen *SPN* für einen *Computer* hinzu.

-s [*-f*] *SPN Computer*
> Fügt einen beliebigen *SPN* für einen *Computer* hinzu, nachdem auf
> Duplikate geprüft wurde. Optional kann die Überprüfung mit **-f** von
> der Domäne auf den ganzen Wald ausgedehnt werden.

-d *SPN Computer*
> Löscht einen beliebigen *SPN* für *Computer*.

-r *Computer*
> Setzt die für *Computer* registrierten SPNs auf die Standardwerte
> (HOST/Computername und HOST/Computer-FQDN) zurück.

Cluster

cluster

Verwaltet Microsoft Cluster. Der Befehl kann auf allen Windows-Versionen ab NT4 SP3 ausgeführt werden, um lokale oder entfernte Cluster zu administrieren. Wird kein Clustername angegeben, wird der lokale Cluster angesprochen, der auch durch einen Punkt referenziert werden kann.

Anmerkung: Die Syntax dieses Befehls unterscheidet sich zwischen Server 2003 und Server 2008. Hier ist die Version von Server 2008 beschrieben. In Server 2008 R2 ist der Befehl zu Migrationszwecken noch enthalten, wurde aber bereits durch entsprechende PowerShell-Cmdlets ersetzt.

cluster /list[:*Domäne*]

Zeigt die Cluster in der lokalen oder angegebenen *Domäne* an.

cluster *ClusterName* **/create /ipaddress:***IP-Adresse*[/*SubnetzMaske*]
    [**/nodes:**"*Knoten1*[*Knoten2* ...]"]

Erstellt einen neuen Cluster mit (optional) mehreren Knoten. Wenn keine Clusterknoten angegeben werden, wird der lokale Computer zum ersten Knoten im Cluster gemacht. Anstelle einer vollen Subnetzmaske kann auch die Kurzform (Beispiel: /24) verwendet werden.

cluster *ClusterName* **/destroy** [**/y**] [**/CleanupActiveDirectory**]

Entfernt einen Cluster. Mit **/y** wird die Sicherheitsabfrage unterbunden. Die Angabe von **/CleanupActiveDirectory** veranlasst das Löschen des zugehörigen Computerkontos, das ansonsten nur deaktiviert wird. Der DNS-Name wird jedoch in jedem Fall deregistriert.

cluster *ClusterName* **/add** [**/nodes:**"*Knoten1*[*Knoten2* ...]"]

Fügt das lokale System oder die angegebenen Computer als Knoten zu *ClusterName* hinzu.

cluster *ClusterName* **/shutdown** [**/y**]

Bringt alle Clusterressourcen offline und stoppt anschließend den Clusterdienst. Mit **/y** wird die Sicherheitsabfrage unterbunden. Der Cluster kann anschließend mit dem Befehl **net start ClusSvc** wieder gestartet werden.

cluster [*ClusterName*] **/rename:**_NeuerClusterName_

Benennt einen Cluster um.

cluster [*ClusterName*] **/version**

Zeigt die Version des Clusterdienstes an.

cluster [*ClusterName*] **/listnetpriority**

Zeigt die Reihenfolge (Priorität) der privaten und gemischten Netzwerke an.

cluster *ClusterName* **/listshares**[**:**_Netzwerkname_]

Zeigt die Netzwerkfreigaben eines Clusters an, optional begrenzt auf einen Netzwerknamen.

cluster [*ClusterName*] **/quorum** [**/nodemajority**]

Setzt den Quorum-Typ auf »Node Majority« (Standard). Ohne Angabe von Optionen werden die aktuellen Einstellungen angezeigt.

cluster [*ClusterName*] **/quorum**[**:**_RessourcenName_] [**/path:**_Pfad_] [**/diskonly**]

Setzt den Quorum-Typ. Als *RessourcenName* muss eine vorhandene Datenträger- oder »File Share Witness«-Ressource angegeben werden. Falls die angegebene Ressource eine Datenträgerressource ist, kann optional der darauf zu verwendende Pfad für die Quorum-Daten festgelegt und der Quorum-Typ auf das von Windows 2000 bekannte »Disk only« gesetzt werden.

cluster [*ClusterName*] **/regadminext:**_AdminExtensionDLL1_, _Admin-ExtensionDLL2_

Registriert Administratorerweiterungen.

cluster [*ClusterName*] **/unregadminext:**_AdminExtensionDLL1_, _Admin-ExtensionDLL2_

Deregistriert Administratorerweiterungen.

cluster {**/properties** | **/privproperties**}

Zeigt allgemeine und private Eigenschaften des Clusters an. Informationen zu den Eigenschaften und dazu, wie sie zu setzen sind, finden Sie in der Windows-Hilfe.

cluster [*ClusterName*] **/setfailurereactions:**_KnotenName1,KnotenName2_

Setzt die Einstellungen, welche Aktionen bei Dienstfehlern des Clusterdienstes durchgeführt werden, auf die Standardwerte zurück.

cluster node

`cluster` *[ClusterName]* `node` *KnotenName [Optionen]*

Verwaltet Clusterknoten.

Optionen

/status
Zeigt den Knotenstatus an.

/forcecleanup [**/wait:***Timeout*]
Versetzt die Konfiguration des Clusterdienstes in den Ursprungszustand. Falls kein Timeout angegeben wird, wartet der Befehl unbegrenzt auf die Ausführung des Kommandos.

/start | **/stop** [**/wait:***Timeout*]
Startet bzw. beendet den Clusterdienst. Falls kein Timeout angege-
ben wird, wartet der Befehl unbegrenzt auf die Ausführung des
Kommandos.

/pause | **/resume**
Pausiert bzw. setzt die Ausführung des Clusterdienstes fort.

/evict [**/wait:***Timeout*]
Entfernt einen Knoten aus dem Cluster. Falls kein Timeout angege-
ben wird, wartet der Befehl unbegrenzt auf die Ausführung des
Kommandos.

/listinterfaces
Zeigt die Netzwerkschnittstellen des Knotens an.

/properties | **/privproperties**
Zeigt allgemeine und private Eigenschaften des Knotens an. Weitere
Informationen finden Sie in der Windows-Hilfe.

cluster group

`cluster` *[ClusterName]* `group` *GruppenName [Optionen]*

Verwaltet (Ressourcen-)Gruppen.

Optionen

/status
Zeigt den Status der Gruppe an.

/node:*KnotenName*
Setzt den Besitzer der Gruppe.

/create | **/delete**
> Erstellt bzw. löscht eine Gruppe.

/rename:_NeuerName_
> Benennt die Gruppe um.

/moveto[:_KnotenName_] | **/online**[:_KnotenName_] **/offline**[:_KnotenName_] [**/wait:**_Timeout_]
> Verschiebt die Gruppe bzw. schaltet sie on- oder offline. Wird kein Knotenname angegeben, wird automatisch ein passender Knoten ausgewählt. Falls kein Timeout angegeben wird, wartet der Befehl 10 (**on-/offline**) bzw. 20 (**moveto**) Sekunden auf die Ausführung des Kommandos.

/listowners
> Löscht die Liste der bevorzugten Besitzer.

/listowners
> Zeigt die bevorzugten Besitzer an.

/setowners:_KnotenName1,KnotenName2_
> Setzt die bevorzugten Besitzer.

/properties | **/privproperties**
> Zeigt allgemeine und private Eigenschaften der Gruppe an. Weitere Informationen finden Sie in der Windows-Hilfe.

cluster network W2k3, W2k3AP, W2k8, W2k8R2

`cluster` [_ClusterName_] `network` _NetzwerkName_ [_Optionen_]

Verwaltet Clusternetzwerke.

Optionen

/status
> Zeigt den Status des Netzwerks an.

/rename:_NeuerName_
> Benennt das Netzwerk um.

/listinterfaces
> Zeigt die mit dem Netzwerk assoziierten Netzwerkschnittstellen an.

/properties | **/privproperties**
> Zeigt allgemeine und private Eigenschaften des Netzwerks an. Weitere Informationen finden Sie in der Windows-Hilfe.

cluster netinterface

`cluster` [ClusterName] `netinterface` `/node:`KnotenName `/network:`
   NetzwerkName [Optionen]

Verwaltet Netzwerkschnittstellen (Netzwerkkarten).

Optionen

/status
   Zeigt den Status der Netzwerkschnittstelle an.

/properties | **/privproperties**
   Zeigt allgemeine und private Eigenschaften der Schnittstelle an.
   Weitere Informationen finden Sie in der Windows-Hilfe.

cluster resource

`cluster` [ClusterName] `resource` RessourcenName [Optionen]

Verwaltet Ressourcen.

Optionen

/status
   Zeigt den Status der Ressource an.

/create /group: GruppenName **/type:**Ressourcentyp [**/separate**]
   Erstellt eine Ressource des angegebenen Typs in der angegebenen
   Gruppe. Optional wird die Ressource in einem eigenen Ressourcen-
   monitor ausgeführt.

/delete
   Löscht eine Ressource.

/rename: NeuerName
   Benennt die Ressource um.

/addowner: KnotenName
   Fügt einen Knoten zur Liste der möglichen Besitzer hinzu.

/removeowner: KnotenName
   Entfernt einen Knoten von der Liste der möglichen Besitzer.

/listowners
   Zeigt die Liste der möglichen Besitzer an.

/moveto: GruppenName
   Verschiebt die Ressource in die angegebene Gruppe.

/fail
Initiiert einen Ressourcenfehler.

/online | **/offline** [**/wait:***Timeout*]
Schaltet die Ressource on- oder offline. Falls kein Timeout ange-geben wird, wartet der Befehl 10 Sekunden auf die Ausführung des Kommandos.

/listdependencies
Zeigt die Abhängigkeiten der Ressource an.

/adddependency:*RessourcenName*
Macht die Ressource von einer weiteren Ressource abhängig.

/setdependencies:*Abhängigkeiten*
Setzt die *Abhängigkeiten* der Ressource. Es können mehrere logisch mit **and** und **or** verknüpfte Ressourcennamen angegeben werden.

/removedependency:*RessourcenName*
Entfernt die Abhängigkeit von einer weiteren Ressource.

/maintenancemode:{on | **off}**
Aktiviert bzw. deaktiviert den Wartungsmodus.

/properties | **/privproperties**
Zeigt allgemeine und private Eigenschaften der Ressource an. Weite-re Informationen finden Sie in der Windows-Hilfe.

cluster resourcetype W2k3, W2k3AP, W2k8, W2k8R2

`cluster` [*ClusterName*] `resourcetype` *RessourcenTyp* [*Optionen*]

Verwaltet Ressourcentypen, die mit ihren Anzeigenamen angegeben werden.

Optionen

/list
Zeigt die installierten Ressourcentypen an.

/listowners
Zeigt eine Liste der bevorzugten Besitzer an

/create /dllname:*DLLName* [**/type:***TypName*] [**/isalive:***Intervall*]
[**/looksalive:***Intervall*]
Erstellt einen neuen Ressourcentyp. *Intervall* wird in Millisekunden angegeben.

/delete [**/type**]

Löscht einen Ressourcentyp. Falls die Ressourcen-DLL nicht mehr vorhanden ist, muss **/type** angegeben werden. In diesem Fall wird der Ressourcentyp durch seinen Typnamen anstelle des Anzeigenamens spezifiziert.

/properties | **/privproperties**

Zeigt allgemeine und private Eigenschaften des Ressourcentyps an. Weitere Informationen finden Sie in der Windows-Hilfe.

cluster log

cluster [*ClusterName*] **log** *Optionen*

Verwaltet Logdateien des Clusterdienstes.

Optionen

/generate [**/node:***Knoten*] [**/copy:***Verzeichnis*] [**/spanminutes:***Minuten*]

Erstellt die Datei Cluster.log im Verzeichnis C:\Windows\Cluster\ Reports auf dem angegebenen oder lokalen Clusterknoten. Optional kann die Datei anschließend in ein angegebenes *Verzeichnis* kopiert werden, wo sie im Format *Computername*_Cluster.log benannt wird. Mit der Option **/spanminutes** kann festgelegt werden, wie lange das Protokoll zurückreichen soll.

/size:*GrößeInMB*

Legt die maximale Größe der Logdatei auf einen Wert zwischen 8 und 1024 MByte fest.

/level:*Level*

Legt den Detaillierungsgrad des Cluster-Logs auf einen Wert zwischen 0 (nur Fehler) und 10 (sehr detailliert) fest.

nlb

Verwaltet Network Load Balancing Cluster. Dieser Befehl ist nur verfügbar, nachdem NLB installiert wurde. In Windows Server 2008 R2 werden PowerShell-Cmdlets für die Verwaltung von NLB-Clustern bereitgestellt, so dass nlb.exe nur noch aus Kompatibilitätsgründen mitgeliefert wird. Zur Administration entfernter Rechner muss dort zunächst Remote Control aktiviert werden, was jedoch sicherheitstechnisch problematisch ist.

```
nlb {suspend | resume | start | stop | drainstop | query}
   [Cluster[:Host] | all [local | global]]
```

Führt einen Befehl für einen Cluster (auf einem angegebenen Rechner), alle Cluster des lokalen Computers oder alle globalen Computer aus, die Teil des Clusters sind. **suspend** und **resume** pausieren einen Cluster und reaktivieren ihn. **start**/**stop** startet bzw. stoppt den Cluster. **drainstop** veranlasst den Cluster, keine neuen Verbindungen mehr anzunehmen, aber bestehende Verbindungen abzuarbeiten. **query** fragt den Status des Clusters ab.

```
nlb {enable | disable | drain} [VIP[:Port | :all] | all [:Port |
   :all]] [Cluster[:Host] | all [local | global]]
```

Aktiviert, deaktiviert oder lässt eine Regel auslaufen (keine neuen Verbindungen), deren Portbereich den angegebenen Port enthält. Der erste Satz optionaler Parameter spezifiziert alle oder bestimmte virtuelle IPs. Der optionale Parametersatz findet sich identisch im übergeordneten Abschnitt.

```
nlb queryport [VIP:] Port [Cluster[:Host] | all [local | global]]
```

Zeigt Informationen über eine Portregel an.

```
nlb {reload | display | params} [Cluster | all]
```

Lädt Clusterparameter aus der Registrierung (**reload**), zeigt ausführliche Informationen zu NLB-Parametern und Clusterstatus an (**display**) oder zeigt die aktuelle NLB-Konfiguration an, abgefragt vom Kernel-Treiber (**params**).

```
nlb ip2mac Cluster
```

Zeigt die MAC-Adresse des *Clusters* an.

Remotedesktopdienste

Die meisten der Befehle in diesem Abschnitt sind unter Server 2008 nach der Installation der Rolle Terminaldienste→Terminalserver bzw. unter Windows Server 2008 R2 der Rolle Remotedesktopdienste→Remotedesktop-Sitzungshost verfügbar.

change logon   W2k3, Vista, W2k8, 7, W2k8R2

```
change logon {/enable | /disable | /query | /drain | /drainuntilrestart}
```

Aktiviert bzw. deaktiviert die Anmeldung von Clientsitzungen (**/enable** und **/disable**) bzw. fragt den aktuellen Status ab (**/query**). Unter Server

2008 kann zusätzlich der drain-Modus eingeschaltet werden, der keine neuen Verbindungen zulässt, sondern nur Wiederverbindungen zu vorhandenen Sitzungen. Dies kann dauerhaft (**/drain**) oder bis zum nächsten Neustart (**/drainuntilrestart**) aktiviert werden. Der Befehl chglogon. ist in Funktion und Syntax identisch.

change port W2k3, Vista, W2k8, 7, W2k8R2

Konfiguriert die Zuordnung (Mapping) serieller Ports. Der Befehl chgport entspricht diesem Befehl in Funktion und Syntax.

`change port` *Port1=Port2*

Ordnet *Port1* *Port2* zu.

`change port` **/d** *Port1*

Löscht eine Zuordnung.

`change port` **/query**

Zeigt aktuelle Zuordnungen an.

change user W2k3, Vista, W2k8, 7, W2k8R2

`change user {`**/execute** `|` **/install** `|` **/query**`}`

Schaltet die Terminaldienste in den Ausführungs- bzw. Installationsmodus oder zeigt den aktuellen Modus an. Der Befehl chgusr ist identisch.

cprofile W2k3

`cprofile [`**/l**`] [`**/i**`] [`**/v**`] [`*Dateiliste*`]`

Bereinigt Benutzerprofile, indem ungenutzter Speicherplatz freigegeben wird und ungenutzte benutzerspezifische Dateitypzuordnungen aus der Registrierung entfernt werden. **/l** bereinigt alle lokalen Profile. Zusätzlich oder alternativ kann eine durch Leerzeichen getrennte Dateiliste angegeben werden. **/i** fragt vor der Verarbeitung jedes einzelnen Profils nach, und **/v** zeigt ausführliche Informationen an.

flattemp W2k3, W2k8, W2k8R2

`flattemp {`**/enable** `|` **/disable** `|` **/query**`}`

Beeinflusst, wie benutzerspezifische temporäre Verzeichnisse angelegt werden: Falls **flattemp** deaktiviert ist, wird pro Benutzer ein eigenes Unterverzeichnis, benannt nach seiner Logon-ID, im TEMP-Verzeichnis angelegt. Aktivieren von **flattemp** schaltet das Erzeugen dieser Unterverzeichnisse ab.

logoff

logoff [*Sitzungsname* | *Sitzungskennung*] [**/server:***servername*] [**/v**]
    [**/vm**]

Beendet eine Benutzersitzung lokal, auf dem angegebenen Server oder in einem virtuellen Computer ohne weitere Rückfrage. Die zu beendende Sitzung kann durch ihren Namen oder ihre Kennung identifiziert werden. Beide Informationen lassen sich über die Terminal-Diensteverwaltung ermitteln. Die Sitzungskennung kann auch im Task-Manager angezeigt werden: **Ansicht→Spalten auswählen→Sitzungskennung**. Ohne Angabe von Name oder Kennung wird der aktuelle Benutzer abgemeldet. Bei Verwendung der Option /vm muss immer die Sitzungskennung angegeben werden.

Die Syntax dieses Befehls unterscheidet sich zwischen den Windows-Versionen. Hier ist jene von Windows 7/Server 2008 R2 dokumentiert.

msg
W2k3, Vista, W2k8, 7, W2k8R2

msg {*BenutzerName* | *SitzungsID* | *SitzungsName* | *@DateiName* | ***}
    [**/server:***ServerName*] [**/time:***Timeout*] [**/v**] [**/w**] *Nachrichtentext*

Sendet eine Textnachricht an Benutzer des lokalen oder angegebenen Servers. Eine Datei mit einer Liste von Benutzernamen, Sitzungs-IDs oder Sitzungsnamen kann angegeben werden. Ein Stern als Adressat steht für alle Benutzer des Servers. Falls kein *Timeout* angegeben wird, bleibt die Nachricht 60 Sekunden auf dem Bildschirm des Adressaten. **/w** wartet auf eine Bestätigung durch den Benutzer. **/v** zeigt ausführliche Informationen an.

mstsc
XP, W2k3, Vista, W2k8, 7, W2k8R2

mstsc [*Verbindungsdatei* | **/v:***Servername*[**:***Port*]] [**/admin**] [**/f**]
    [**/w:***Breite* **/h:***Höhe*] [**/public**] [**/spar**] [**/migrate**] [**/edit** *Verbindungsdatei*]

Stellt eine RDP-Verbindung zum angegebenen Server oder gemäß den Einstellungen einer RDP-Verbindungsdatei her. /admin (in Versionen vor Windows 7 **/console**) verbindet zur Konsolensitzung (nur möglich unter Server-Betriebssystemen), **/f** schaltet in den Vollbildmodus, **/w** und **/h** erlauben die Angabe der gewünschten Auflösung.

Ab Vista/2008 deaktiviert **/public** die Option zum Speichern des Kennworts (gedacht zur Nutzung auf öffentlich zugänglichen Maschinen). Mit **/span** erstreckt sich das RDP-Fenster über mehrere Bildschirme. **/migrate** erstellt aus alten, mit dem Clientverbindungs-Manager erstellten Verbindungsdateien neue RDP-Dateien. **/edit** schließlich öffnet vorhandene RDP-Dateien zur Bearbeitung mit der grafischen Variante von **mstsc**.

query process
W2k3, Vista, W2k8, 7, W2k8R2

```
query process [BenutzerName | /id:SitzungsID | SitzungsName |
    ProzessID | Programm.exe | *] [/server:ServerName]
```

Fragt Informationen über laufende Prozesse eines Benutzers oder einer Sitzung auf *ServerName* ab.

query session
W2k3, Vista, W2k8, 7, W2k8R2

```
query session [BenutzerName | SitzungsID | SitzungsName] [/server:
    ServerName] [/mode] [/flow] [ /connect] [/counter] [/vm]
```

Zeigt Informationen zu einer bestimmten oder allen Sitzungen auf *ServerName* an. **/mode zeigt aktuelle Leitungseinstellungen an, /flow aktuelle Flusssteuerungseinstellungen, /connect** die Verbindungseinstellungen, **/counter** verschiedene Zähler (Gesamtzahl an Sitzungen etc.) an. /vm gibt Informationen zu Sitzungen in virtuellen Computern aus.

query termserver
W2k3, Vista, W2k8, 7, W2k8R2

```
query termserver [ServerName] [/domain:DomänenName] [/address]
    [/continue]
```

Zeigt Remotedesktop-Hostserver im gesamten Netzwerk (ohne Parameter) oder in einer Domäne an. Bei Angabe eines Servernamens kann mit **/address** dessen Netzwerkadresse ermittelt werden. **/continue** schaltet das Warten auf eine Eingabe nach jeder Bildschirmseite ab.

query user
W2k3, Vista, W2k8, 7, W2k8R2

```
query user [BenutzerName | SitzungsID | SitzungsName] [/server:
    ServerName]
```

Zeigt alle an einem Server angemeldeten Benutzer oder folgende Informationen zu einem angegebenen Benutzer: Benutzername, Sitzungsname, Sitzungs-ID, Sitzungsstatus, Leerlaufzeit, Anmeldezeit.

rdpsign

`rdpsign /sha1` *Hash* [`/q` | `/v`] [`/l`] *RDP-Datei*

Signiert eine *RDP-Datei* mit einem Zertifikat aus dem Zertifikatsspeicher (des Computers oder Benutzers), das durch seinen *Hash* (ohne Leerzeichen) angegeben wird. Bei dem Vorgang wird die Originaldatei überschrieben. Der Parameter **/l** bewirkt einen Testlauf, bei dem die Datei nicht verändert wird. Optional kann der stille (**/q**) oder der ausführliche Modus (**/v**) verwendet werden.

register

`register` *EXEName* [`/system` | `/user`] [`/v`]

Registriert ein Programm als globale System- oder Benutzer-Ressource. **/v** zeigt ausführliche Informationen an.

reset session

`reset session` [*SitzungsID* | *SitzungsName*] [`/server:`*ServerName*] [`/v`]

Zurücksetzen (Löschen) einer Sitzung. **/v** zeigt ausführliche Informationen an.

shadow

`shadow` {*SitzungsID* | *SitzungsName*} [`/server:`*ServerName*] [`/v`]

Spiegelt eine angegebene Sitzung. **/v** zeigt ausführliche Informationen an.

tscmd

`tscmd` *PDC-Master BenutzerName Eigenschaft* [*Wert*]

Dieses Programm von Systemtools (*http://www.systemtools.com/free_frame.htm*) zeigt und ändert Terminaldiensteigenschaften eines Domänenbenutzers. Der angegebene Domänencontroller muss der PDC-Master sein. Die möglichen *Eigenschaften* können der Readme-Datei entnommen werden und enthalten u.a.: Home- und Profilpfad, Timeouts, Spiegelung, Verbindung von Client-Laufwerken und -Druckern.

tscon

`tscon` {*SitzungsID* | *SitzungsName*} [`/dest:`*ZielSitzungsName*]
   [`/password:`*Passwort*] [`/v`]

Verbindet die aktuelle Sitzung oder eine durch *SitzungsID* oder *Sitzungs-Name* angegebene Sitzung mit *ZielSitzungsName*, wobei die Quellsitzung getrennt wird. Falls die Zielsitzung einem anderen Benutzer gehört, muss dessen Passwort angegeben werden. **/v** zeigt ausführliche Informationen an.

tsdiscon W2k3, Vista, W2k8, 7, W2k8R2

tsdiscon {*SitzungsID* | *SitzungsName*} [**/server:***ServerName*] [**/v**]
    [/vm]

Trennt die aktuelle oder angegebene Sitzung auf *ServerName*. **/v** zeigt ausführliche Informationen an, /vm trennt die Verbindung für die Sitzung auf dem Server oder innerhalb des virtuellen Computers.

tskill W2k3, Vista, W2k8, 7, W2k8R2

tskill {*ProzessID* | *ProzessName*} [**/server:***ServerName*] [**/id:**
    {*SitzungsID* | **/a**}] [**/v**]

Beendet einen Prozess in einer angegebenen oder allen (**/a**) Sitzungen auf *ServerName*. **/v** zeigt ausführliche Informationen an.

tsprof W2k3, W2k8, W2k8R2

Kopiert die Terminaldienstekonfiguration von einem Benutzer zu einem anderen oder setzt den Terminalserverprofilpfad.

tsprof /update /domain:*DomänenName* | **/local /profile:***ProfilPfad*
    BenutzerName

Ändert den Terminalserverprofilpfad eines lokalen oder Domänenbenutzers nach *Profilpfad*.

tsprof /q /domain:*DomänenName* | **/local** *BenutzerName*

Zeigt den Terminalserverprofilpfad eines lokalen oder Domänenbenutzers an.

tsprof /copy /domain:*DomänenName* | **/local** [**/profile:***ProfilPfad*]
    QuellBenutzerName *ZielBenutzerName*

Kopiert die Terminaldienstekonfiguration von *QuellBenutzer* nach *Ziel-Benutzer*, wobei optional der angegebene Profilpfad für *ZielBenutzer* gesetzt wird.

tsshutdn W2k, W2k3

tsshutdn [*Wartezeit*] [**/server:***ServerName*] [**/delay:***Logoff-Verzögerung*] [**/reboot**] [**/powerdown**] [**/v**]

Fährt den lokalen oder angegebenen Terminalserver herunter. Nachdem die angemeldeten Benutzer über den Vorgang informiert wurden, wird *Wartezeit* (Standard: 60 Sekunden) abgewartet, bevor die Benutzer abgemeldet werden. Nach dem Abmelden der Benutzer wird *LogoffVerzögerung* abgewartet, bevor der Server heruntergefahren wird. **/reboot** veranlasst den anschließenden Neustart. **/v** zeigt ausführliche Informationen an.

Anmerkung: Unter Server 2008 muss **shutdown** statt **tsshutdn** verwendet werden.

Installation

msiexec XP, W2k3, Vista, W2k8, 7, W2k8R2

Kommandozeilenschnittstelle des Windows Installer. Im Folgenden werden die wichtigsten Optionen dieses mächtigen Befehls beschrieben. Für eine vollständige Beschreibung sei auf die Hilfe zum Befehl und das Windows Installer SDK verwiesen.

msiexec /i *MSI-Paket* [**TRANSFORMS=***MST-Datei1;MST-Datei2;...*]

Installiert *MSI-Paket*. Optional können Transformationsdateien angewendet werden.

msiexec /a *MSI-Paket*

Führt eine administrative Installation in einer Netzwerkfreigabe durch (das MSI-Paket muss sich bereits am gewünschten Ziel befinden).

msiexec /x {*MSI-Paket* | *Produkt-GUID*}

Deinstalliert die durch den Paketnamen oder die GUID angegebene Software.

Optionen
/quiet
　　Hintergrundmodus ohne Benutzerinteraktion.
/passive
　　Unbeaufsichtigter Modus, nur die Statusleiste wird angezeigt.

/norestart

Kein Neustart nach der Installation.

/promptrestart

Falls ein Neustart erforderlich ist, wird das Einverständnis des Benutzers eingeholt.

/forcerestart

Immer neu starten nach der Installation.

/log *Protokolldatei*

Ein Protokoll mit Status- und Fehlermeldungen wird in die angegebene Datei geschrieben.

Eigenschaft1=Wert1 Eigenschaft2=Wert2 [...]

Setzt paketspezifische Eigenschaften auf den jeweils angegebenen Wert. Damit können Einstellungen vorgenommen werden, die sonst beim Benutzer abgefragt würden, wie z. B. der Pfad zum Zielverzeichnis.

---

msizap

Löscht Verzeichnisse und Registrierungseinträge, in denen der Windows Installer Konfigurationsdaten speichert. Mit **msizap** können Überbleibsel fehlgeschlagener Installationen entfernt werden, die die korrekte Installation einer Anwendung verhindern. Weiterhin kann sich der Administrator Vollzugriff auf die Verzeichnisse und Registrierungsschlüssel des Windows Installer geben.

Achtung: Der Einsatz dieses Tools sollte sorgfältig abgewogen werden, da es dazu führen kann, dass mit dem Windows Installer installierte Programme nicht mehr korrekt funktionieren. Weitere Informationen finden Sie in der Hilfe zu den Support Tools.

---

netset

netset [*Antwortdatei*] | [/display]

Dient zur Anzeige, (De-)Installation und Konfiguration von Netzwerkkomponenten. Die durchzuführenden Änderungen werden der *Antwortdatei* im Format der zur unbeaufsichtigten Installation verwendeten Datei *unattend.txt* entnommen. Weitere Informationen finden Sie im Knowledge Base-Artikel *268781*.

oclist W2k8, W2k8R2

Dieser nur bei der Installationsoption »Server Core« verfügbare Befehl zeigt die Namen der installierbaren und installierten Windows-Komponenten im von **ocsetup** benötigten Format an. Der Befehl hat keine Optionen.

ocsetup Vista, W2k8, 7, W2k8R2

Installiert bzw. deinstalliert optionale Windows-Komponenten.

ocsetup *Komponente1*[;*Komponente2*;[...]] [*Optionen*]

Installiert die angegebenen *Komponenten*, deren Bezeichnungen der »Unattended Setup Reference« (Download bei Microsoft) entnommen werden können.

Optionen

/uninstall
> Führt eine Deinstallation statt einer Installation aus.

/quiet
> Hintergrundmodus ohne Benutzerinteraktion.

/passive
> Unbeaufsichtigter Modus, nur die Statusleiste wird angezeigt.

/norestart
> Kein Neustart nach der Installation.

/unattendfile:*XML-Datei*
> Installiert unter Beachtung der in *XML-Datei* angegebenen Optionen. Eine Deinstallation ist mit diesem Parameter nicht möglich.

/log:*Protokolldatei*
> Ein Protokoll mit Status- und Fehlermeldungen wird in die angegebene Datei geschrieben.

/x:*Parameter*
> Übergibt zusätzliche *Parameter* an zugrunde das liegende Installationsprogramm.

Anmerkungen: Dieser Befehl wird im Windows Automated Installation Kit (AIK) näher beschrieben. Er ist eine Art vereinfachte Version von **pkgmgr**.

pkgmgr

Der Windows-Paket-Manager ist eine Art erweiterte, aber auch komplexere Version von **ocsetup**. Im Folgenden wird nur eine Option beschrieben, die bei **ocsetup** nicht verfügbar ist.

pkgmgr /up:`Paketname1`[`;Paketname2`]

Entfernt Installationsdateien einer Rolle oder eines Features von der Festplatte, wodurch der von dem/den Paket/Paketen belegte Festplattenplatz freigegeben wird. Dies kann z. B. unter Server Core verwendet werden, um das System zu verschlanken oder die Installation nicht benötigter Pakete zu verhindern. Die anzugebenden *Paketnamen* können mit **oclist** ermittelt werden. Gelöschte Pakete werden von **oclist** nicht mehr angezeigt.

Achtung: Einmal gelöschte Pakete können nicht wieder hinzugefügt werden.

Hinweis: Viele der Funktionen von ocsetup und pkgmgr werden unter Windows 7/Server 2008 R2 durch dism übernommen.

pnputil

pnputil [`Optionen`]

Verwaltet Treiberpakete im Windows Driver Store. Unter anderem können Treiber zum Driver Store hinzugefügt werden, die dann von Benutzern ohne Administratorrechte installiert werden können. Unter Server Core kann dieser Befehl zur Installation von Treibern in der Eingabeaufforderung verwendet werden. Treiber werden durch die Angabe ihrer INF-Datei spezifiziert, die alle zur (De-)Installation nötigen Angaben enthält.

Optionen

-a [**-i**] *INF-Datei*
    Fügt einen Treiber zum Driver Store hinzu und installiert ihn ggf. (**-i**).

-d *INF-Datei*
    Löscht einen Treiber aus dem Driver Store. Die zusätzliche Option -f erzwingt das Löschen.

-e
    Zeigt alle Treiber von Drittherstellern im Driver Store an.

servermanagercmd W2k8, W2k8R2

Befehlszeilenversion des Server Manager. Zeigt vorhandene Rollen und Features an oder installiert bzw. deinstalliert sie. Dieser mit Windows Server 2008 eingeführte Befehl gilt mit Server 2008 R2 bereits als überholt. Stattdessen wird die Verwendung der PowerShell empfohlen. Da der Befehl das .NET Framework voraussetzt, ist er nicht unter Server Core verfügbar (dort sollte stattdessen **ocsetup** verwendet werden). Im Folgenden die wichtigsten Optionen:

servermanagercmd -query [*XML-Ausgabedatei*]

Zeigt alle installierbaren Rollen und Features an. Installierte Komponenten werden markiert. Falls eine *XML-Ausgabedatei* angegeben wird, speichert der Befehl detailliertere Informationen darin, u.a. die interne *ID* jeder Komponente, die zur Installation oder Deinstallation benötigt wird.

servermanagercmd -install *ID* [**-allSubFeatures**]

Installiert eine über ihre *ID* angegebene Betriebssystemkomponente, ggf. mit allen Unterkomponenten (**-allSubFeatures**). Die Namen der *IDs* können mit **-query** ermittelt werden.

servermanagercmd -remove *ID*

Deinstalliert eine über ihre *ID* angegebene Betriebssystemkomponente. Die Namen der *IDs* können mit **-query** ermittelt werden.

sysprep XP, W2k3, Vista, W2k8, 7, W2k8R2

sysprep [*Optionen*]

Bereitet das lokale System zum Klonen bzw. Duplizieren vor. **sysprep** generalisiert das System für eine spätere Verteilung. Weitere Informationen erhalten Sie in der Hilfedatei Deploy.chm bzw. in der Dokumentation zum Windows AIK.

Stellen Sie sicher, dass Sie die aktuellste Version von **sysprep** einsetzen. Das Tool ist bei älteren Windows-Versionen in den Deployment Tools *deploy.cab* der Windows-CD enthalten. Seit Vista/Windows Server 2008 befindet sich das Programm bereits vorinstalliert im Verzeichnis %SystemRoot%\System32\sysprep.

winnt

winnt [*Optionen*]

Führt eine unbeaufsichtigte (unattended) Windows-Installation durch. Ausführliche Informationen, auch zu den Antwort- und UDF-Dateien, erhalten Sie in Deploy.chm und Unattend.doc.

Verwenden Sie zur Aktualisierung des Betriebssystems **winnt32.**

wuauclt

XP, W2k3, Vista, W2k8, 7, W2k8R2

wuauclt [**/detectnow**] [**/resetauthorization**] [**/reportnow**]
   [**/showsettingsdialog**] [**/showwu**]

Mit dem Befehl **wuauclt** lassen sich Funktionen des Windows Update-Clients insbesondere im Zusammenspiel mit einem WSUS 3.0-Server kontrollieren.

/detectnow

Sendet eine Anfrage an den WSUS-Server und führt einen sofortigen Download erforderlicher Updates aus.

/resetauthorization

Bei Eingabe mit **/detectnow** werden Updates auch dann sofort geladen, wenn auf dem WSUS-Server mit Clientgruppen gearbeitet wird.

/reportnow

Zwingt den Client, seinen aktuellen Status an den WSUS-Server zu berichten.

/showsettingsdialog

Öffnet den grafischen Dialog zur Auswahl einer Methode für die Installation von Updates.

/showwu

Öffnet die grafische Oberfläche der Windows Update-Komponente in neueren Betriebssystemen. Unter Windows XP und Server 2003 wird die Website *windowsupdate.microsoft.com* geöffnet.

Skripte und Batch-Dateien

CALL AllOS

CALL *Datei* | :*Marke* [*Argumente*]

Führt die angegebene Batch-Datei aus oder springt zu *Marke*.

choice W2k3, Vista, W2k8, 7, W2k8R2

choice [**/c** *Auswahloptionen*] [**/cs**] [**/n**] [**/t** *Timeout* **/d** *Standard*]
    /m *Text*

Zeigt *Text* an und fordert den Anwender zur Auswahl einer Option auf.
Die Variable ERRORLEVEL wird auf die Nummer der gewählten Option gesetzt (bei 1 beginnend), bei einem Abbruch mit Strg+C oder Strg+Untbr auf 0, bei einem Fehlerzustand 255. Daher ist es erforderlich, die Auswertung bei Verwendung der ERRORLEVEL-Werte absteigend auszuführen.

Optionen

/c *Auswahloptionen*
    Definiert die wählbaren Buchstaben (Standard: **YN**).

/cs
    Unterscheidet zwischen Groß- und Kleinschreibung.

/n
    Zeigt die wählbaren Buchstaben nicht an. Normalerweise werden sie in eckigen Klammern, durch Komma getrennt, angezeigt.

/t *Timeout* **/d** *Standard*
    Wählt die Option *Standard* nach *Timeout* Sekunden, wenn keine Eingabe erfolgt ist.

CLS AllOS

CLS

Löscht den Bildschirm.

cscript

`cscript` [*Skript*] [*Optionen*]

Führt ein Skript unter dem Windows Scripting Host aus und zeigt dessen Ausgabe im Kommandozeilenfenster an (im Gegensatz zu **wscript**). Beachten Sie, dass die Optionen des **cscript**-Befehls mit zwei Schrägstrichen (//) gekennzeichnet sind, um sie von den Optionen des Skripts zu unterscheiden.

`cscript` //h:*cscript*

Ändert den Standard-Skripthost auf **cscript**, um Skripte, die nur durch Eingabe des Skriptnamens gestartet werden, unter **cscript** statt unter **wscript** ausführen zu lassen.

ECHO

`ECHO` *Text*

Gibt den angegebenen *Text* auf Standard-Output aus. Zum Erzeugen einer Leerzeile wird »*ECHO.*« (Befehlsname mit angehängtem Punkt ohne Leerzeichen) verwendet. Anstelle von Text kann auch eine Variable verwendet werden, beispielsweise *ECHO %COMPUTERNAME%* zur Anzeige des Rechnernamens.

`ECHO` [**ON** | **OFF**]

Aktiviert oder deaktiviert die Anzeige der jeweils ausgeführten Befehlszeile (Standard: aktiviert). Ohne Parameter zeigt **ECHO** die aktuelle Einstellung an.

EXIT

`EXIT` [**/b** [*Rückgabewert*]]

Beendet eine Batch-Datei (samt laufendem Befehlsinterpreter cmd.exe, bzw. bei interaktiver Eingabe nur diesen) sofort. Siehe auch **goto :EOF**.

Innerhalb von Batch-Dateien ist es meist unerwünscht, das gesamte Kommandozeilenfenster (cmd.exe) beim Beenden der Batch-Datei zu schließen. Dies kann mit dem Parameter **/b** unterbunden werden, wobei optional noch ein Rückgabewert angegeben werden kann (mit anderen Worten: der Errorlevel wird gesetzt).

Schleifenkonstrukt. Dieser äußerst mächtige Befehl bietet zahlreiche Optionen, von denen hier nur die wichtigsten beschrieben sind. Weitere Informationen können Sie der Hilfe (*help for*) entnehmen.

Wenn dieser Befehl in einer Batch-Datei verwendet wird, muss %%*var* anstelle von %*var* verwendet werden.

FOR [/d] %*var* **in** (*Dateiliste*) **do** *Befehl*

Durchläuft *Dateiliste* (Wildcards sind zulässig) und speichert das jeweils aktuelle Listenelement in %*var* zur Verwendung durch *Befehl*.

Falls die angegebene Liste Wildcards enthält, werden bei Angabe von **/d** nur Verzeichnisse durchlaufen, keine Dateien.

FOR /l %*var* **in** (*Start,Schritt,Ende*) **do** *Befehl*

Durchläuft eine Schleife mit der Schrittweite *Schritt* von *Start* bis *Ende* und speichert den aktuellen Schleifenindex in %*var*.

FOR /l kann verwendet werden, um *Befehl* mehrfach auszuführen: (1,1,5) erzeugt die Reihe 1 2 3 4 5 und führt den Befehl demnach fünfmal aus. Falls eine bestimmte einfache Zahlenreihe für *Befehl* benötigt wird, kann diese durch Variation der Start-, Schritt- und Ende-Werte erzeugt werden: (2, 2, 100) gibt alle geraden Zahlen zwischen zwei und hundert aus.

FOR /f [**"***Optionen***"**] %*var* **in** (*Dateiliste*) **do** *Befehl*

Durchläuft *Dateiliste* (Wildcards sind zulässig) und verarbeitet jede Datei nacheinander zeilenweise. Jede eingelesene Textzeile wird gemäß den angegebenen Optionen in Tokens (Bausteine) aufgespalten, die in %*var* und ggf. weiteren Variablen gespeichert werden. Ohne Angabe von Optionen wird die Zeile an Leerzeichen aufgespalten; %*var* nimmt das erste erhaltene Token auf (Zeilenbeginn bis zum ersten Leerzeichen bzw. bis zum Zeilenende).

Optionen

eol=*c*

> Das Zeichen *c* wird als Zeilenende interpretiert. Alle darauf folgenden Zeichen werden ignoriert. Dient zur Definition eines Zeichens, mit dem Kommentare in den Dateien gekennzeichnet werden.

skip=*n*

Die ersten *n* Zeilen zu Beginn jeder Datei werden übersprungen.

delims=*xxx*

Gibt einen Satz von Trennzeichen an, an denen die Zeile in Tokens aufgespalten wird (Standard: Tab und Leerzeichen).

tokens=*a,b,c-d*

Bezeichnet die Nummern der zu speichernden Tokens. Dies können entweder einzelne Ziffern oder ein Bereich sein. Für die zusätzlichen Tokens werden automatisch weitere Variablen reserviert, die im Alphabet auf %*var* folgen.

Beispiel

```
FOR /f "eol=# tokens=1,3-5* delims=,;" %i in (datei.txt) do echo %i
%j %k %l %m
```

Setzt die Raute als Kommentarzeichen: Zeilen, die damit beginnen, werden ignoriert. Als Trennzeichen zwischen Tokens werden Komma und Semikolon verwendet. Die Variablen %*i* bis %*m* nehmen, in dieser Reihenfolge, die Tokens 1, 3, 4, 5 und den Rest der Zeile auf. Auf diese Weise können einzelne Spalten (z. B. einer CSV-Datei) herausgelöst und durch einen Befehl weiterverarbeitet werden.

forfiles

W2k3, Vista, W2k8, 7, W2k8R2

```
forfiles [Auswahloptionen] [-c "Befehl"]
```

Wendet den Befehl auf jede Datei einer Auswahl an (die Standardaktion ist das Anzeigen des Dateinamens).

Optionen

-c "*Befehl*"

Gibt den Befehl an, der ausgeführt werden soll. Nachfolgende Konstrukte können unter Einhaltung der Groß- und Kleinschreibung innerhalb von *Befehl* eingesetzt werden:

@FILE	Aktueller Dateiname
@FNAME_WITHOUT_EXT	Dateiname ohne Erweiterung
@EXT	Dateierweiterung
@PATH	Verzeichnispfad der Datei
@RELPATH	Verzeichnispfad der Datei, relativ zum aktuellen Pfad

@ISDIR	TRUE, falls Verzeichnis, sonst FALSE
@FSIZE	Dateigröße
@FDATE	Änderungsdatum der Datei: *jjjjmmtt*
@FTIME	Änderungszeit der Datei: *hhmmss*

Der Standardbefehl ist **cmd /c echo @FILE**.

-p*Verzeichnis*

Gibt den Verzeichnispfad an, wo die Suche beginnen soll (die Standardeinstellung ist das aktuelle Verzeichnis).

-m*Zeichenkette*

Wählt die Dateien aus, die der angegebenen Zeichenkette entsprechen. *Zeichenkette* kann Wildcards enthalten (Standardeinstellung ist *.*).

-d[+ |−]*ttmmjjjj* | *n*

Wählt nur Dateien aus, die zum angegebenen Datum modifiziert wurden (− bedeutet zuvor, und + bedeutet danach). Wurde anstelle eines Datums eine Zahl angegeben, werden die Dateien ausgewählt, die in den letzten *n* Tagen modifiziert (−) bzw. nicht modifiziert wurden (+).

-s

Führt den Befehl auch in Unterverzeichnissen aus.

-v

Erzeugt eine ausführliche Ausgabe.

---

freedisk

`freedisk` *x*: *min-bytes*

Setzt die Variable ERRORLEVEL auf 1, wenn der freie Speicherplatz des angegebenen Laufwerks geringer als *min-bytes* ist.

---

gettype

`gettype` [`/s` *Computer*] [`/sp` | `/role`]

Setzt die Variable ERRORLEVEL auf einen Wert, der das Betriebssystem des lokalen oder angegebenen Systems spezifiziert (von 1-6: XP Home, XP Professional, Server 2003 Standard, Server 2003 Enterprise, Server

---

2003 Datacenter, Server 2003 Web). Bei Angabe von **/sp** wird stattdessen die Nummer des Service Packs ermittelt (1 für SP1 etc.). **/role** gibt je nach Rolle des Computers in der Domäne die Werte 1-3 zurück: Domänencontroller, Domänenmitglied, Arbeitsgruppenmitglied.

GOTO AllOS

GOTO *Marke*

Springt zu der angegebenen Sprungmarke innerhalb der Batch-Datei.

GOTO :EOF

Springt zum Ende der aktuellen Batch-Datei.

IF AllOS

Bedingungsbefehl. Der Sinn des logischen Ausdrucks wird in allen Fällen durch Verwendung des Schlüsselworts **not** umgekehrt.

IF [**not**] *errorlevel n Befehl*

Führt *Befehl* aus, wenn der Wert der Variable ERRORLEVEL größer oder gleich *n* ist bzw. nicht (**not**) größer oder gleich *n* ist.

IF [**not**] **defined** *Variable Befehl*

Führt *Befehl* aus, wenn die angegebene Variable definiert bzw. nicht definiert ist.

IF [**not**] **exist** *Datei Befehl*

Führt *Befehl* aus, wenn die angegebene Datei existiert bzw. nicht existiert.

IF [**not**] [**/i**] *Zeichenkette1 Operator Zeichenkette2 Befehl*

Führt *Befehl* aus, wenn der Vergleich der Zeichenketten »wahr« bzw. »falsch« liefert. Die möglichen Operatoren sind:

== | *EQU*
    Gleich.

NEQ
    Nicht gleich.

LSS
    Kleiner als.

LEQ
    Kleiner als oder gleich.

GTR
> Größer als.

GEQ
> Größer als oder gleich.

Alle Vergleichsoperatoren unterscheiden zwischen Groß- und Kleinschreibung. **/i** deaktiviert die Unterscheidung.

ifmember

`ifmember` *Gruppen*

Setzt die Variable ERRORLEVEL auf 1, wenn der aktuelle Benutzer Mitglied einer der angegebenen Gruppen ist.

Optionen

/Verbose
> Zeigt alle Übereinstimmungen der Gruppenzugehörigkeit an.

/List
> Zeigt alle Gruppen, denen der aktuelle Benutzer angehört (das Argument *Gruppen* wird ignoriert).

PAUSE

PAUSE

Fordert zum Drücken einer beliebigen Taste auf; die Verarbeitung der Batch-Datei wird so lange angehalten.

POPD

POPD

Wechselt zum letzten mit **PUSHD** gespeicherten Verzeichnis und löscht alle von **PUSHD** erstellten temporären Laufwerksbuchstaben.

PROMPT

PROMPT *Text*

Ändert die Eingabeaufforderung nach *Text*. *Text* kann unter anderem (siehe **prompt /?**) die folgenden Werte enthalten:

$D, $T
> Aktuelles Datum, aktuelle Uhrzeit.

$G

Größer-Zeichen (>).

$N

Aktueller Laufwerkbuchstabe.

$P

Aktueller Laufwerkbuchstabe und Verzeichnis.

$S

Leerzeichen.

$_

Zeilenvorschub.

PUSHD AllOS

`PUSHD [Pfad]`

Sichert das aktuelle Verzeichnis zum Abruf durch **POPD** und wechselt dann in das angegebene Verzeichnis. Bei Aufruf ohne Argumente wird die aktuelle Verzeichnisliste angezeigt.

REM AllOS

`REM was-auch-immer`

Leitet eine Kommentarzeile ein, die vom Befehlsinterpreter ignoriert wird.

SET AllOS

Zeigt Variablenwerte an und erlaubt deren Veränderung.

`SET [var]`

Zeigt den Wert der angegebenen oder aller definierten Variablen an.

`SET var=Zeichenkette`

Setzt den Wert der Variablen auf *Zeichenkette*.

`SET /a var=Numerischer-Ausdruck`

Setzt den Wert der Variablen auf das Ergebnis des numerischen Ausdrucks.

SETLOCAL. . .ENDLOCAL AllOS

SETLOCAL definiert den Anfang einer lokalen Umgebung innerhalb der Batch-Datei. Die so begonnene lokale Umgebung wird durch **ENDLOCAL** beendet. Die vor **SETLOCAL** gültigen Werte sind dann wieder aktiv.

SHIFT AllOS

`SHIFT [/n]`

Verschiebt Skript- bzw. Befehlsargumente um eine Stelle nach hinten, beginnend mit dem Argument n (falls angegeben).

sleep W2k3RK

`sleep n`

»Schläft« (pausiert) für n Sekunden.

timeout W2k3, Vista, W2k8, 7, W2k8R2

`timeout /t n [/nobreak]`

Entspricht **pause**, wartet jedoch maximal n Sekunden auf einen Tastendruck. Wird als Zeit der Wert -1 angegeben, wird ohne Begrenzung gewartet. Bei Angabe von **/nobreak** wird die angegebene Zeit immer abgewartet, ein Tastendruck also ignoriert.

TITLE AllOS

`TITLE Zeichenfolge`

Setzt den Titel des aktiven Kommandozeilenfensters (cmd.exe).

waitfor W2k3, Vista, W2k8, 7, W2k8R2

Sendet oder wartet auf Signale an/von einem entfernten System. Ein Signal kann eine beliebige Zeichenkette sein. **waitfor** kann verwendet werden, um voneinander abhängige Aktionen auf verschiedenen Computern in der richtigen Reihenfolge auszuführen.

waitfor [**/t** *Timeout*] *Signal*

Wartet auf das angegebene Signal. Optional kann mit **/t** eine maximale Wartezeit angegeben werden. Ein Signal ist eine maximal 225 Zeichen lange Zeichenkette, die aus den Zeichen a-z, A-Z, 0-9 sowie den ASCII-Zeichen mit den Codes 128-255 bestehen darf.

waitfor /si *Signal* [**/s** *Computer*] [**/u** *Domäne\Benutzer*] [**/p** *Kennwort*]

Sendet das angegebene Signal, entweder per Broadcast an alle Computer der Domäne oder an den angegebenen Computer, gegebenenfalls im Kontext des angegebenen Benutzerkontos.

wscript   AllOS

wscript [*Skript*] [*Optionen*]

Führt ein Skript unter dem Windows Scripting Host aus und zeigt jede Zeile von dessen Ausgabe in einem eigenen Dialogfenster an (im Gegensatz zu **cscript**). Beachten Sie, dass die Optionen des **wscript**-Befehls mit zwei Schrägstrichen (//) gekennzeichnet sind, um sie von den Optionen des Skripts zu unterscheiden.

wscript //h:*wscript*

Ändert den Standard-Skripthost auf **wscript**, um Skripten, die nur durch Eingabe des Skriptnamens gestartet werden, unter **wscript** statt unter **cscript** ausführen zu lassen. Dies ist die Standardeinstellung.

Zertifikate

certreq   XP, W2k3, W2k3AP, Vista, W2k8, 7, W2k8R2

Verwaltet Zertifikatsanforderungen. Hier sind die wichtigsten Optionen beschrieben. **certreq -v -?** liefert eine ausführliche Hilfe.

certreq -submit [**-attrib** *Attribute*] [**-binary**] [**-config** [*CAComputer\ CAName*]] [**-crl**] [**-rpc**] [*RequestFileIn* [*CertFileOut* [*CertChain-FileOut* [*FullResponseFileOut*]]]]

Sendet eine Zertifikatsanforderung an eine CA (Certificate Authority). Falls *RequestFileIn* nicht angegeben wird, erscheint ein Öffnen-Dialog zur Auswahl einer Eingabedatei.

```
certreq -retrieve [-binary] [-config [CAComputer\CAName]] [-crl]
    [-rpc] RequestID [CertFileOut [CertChainFileOut [FullResponse-
    FileOut]]]
```

Holt die Antwort auf eine vorherige Zertifikatsanforderung. Die benötigte *RequestID* wird von **certreq -submit** angezeigt.

```
certreq -new [-attrib Attribute] [-binary] [-cert CertID] [Policy-
    FileIn [RequestFileOut]]
```

Erstellt die Zertifikatsantragsdatei *RequestFileOut* aus den Informationen der .INF-Datei *PolicyFileIn*.

```
certreq -accept [CertChainFileIn | FullResponseFileIn | CertFileIn]
```

Akzeptiert ein Zertifikat oder eine Antwort von der CA.

```
certreq -policy [-attrib Attribute] [-binary] [-cert CertID]
    [RequestFileIn [PolicyFileIn [RequestFileOut [PKCS10FileOut]]]]
```

Erstellt einen Antrag zur Kreuzzertifizierung von CAs oder für eine untergeordnete Zertifizierungsstelle aus einem Antrag oder CA-Zertifikat.

```
certreq -sign [-binary] [-cert CertID] [-crl] [RequestFileIn
    [RequestFileOut]]
```

Signiert einen Antrag zur Kreuzzertifizierung von CAs oder für eine untergeordnete Zertifizierungsstelle.

Optionen

-AdminForceMachine
> Anträge werden im Kontext des lokalen Systems verschickt.

-attrib *Attribute*
> Spezifiziert Attribute in der Form: *Name1:Wert1\nName2:Wert2*.

-binary
> Ausgabedateien werden im Binärformat erstellt statt base64-kodiert.

-cert *CertID*
> Spezifiziert das zur Signatur zu verwendende Zertifikat anhand dessen CN, Seriennummer, SHA-1-Schlüssel oder Hash.

-config [*CAComputer\CAName*]
> Ohne Verwendung von **-config** erscheint eine Dialogbox zur Abfrage der zu verwendenden CA. Wird **-config** ohne den Namen einer CA angegeben, wird die Standard-CA verwendet.

-crl
> Fügt den base64-kodierten Ausgabedateien *CertChainFileOut* und *RequestFileOut* Zertifikatssperrlisten (CRLs) hinzu.

-f

Überschreibt vorhandene Dateien ohne Nachfrage.

-q

Stiller Modus: Es werden keine interaktiven Dialoge angezeigt.

-rpc

Weist die AD-Zertifikatsdienste an, RPC statt DCOM zu verwenden.

---

certutil
XP, W2k3, W2k3AP, Vista, W2k8, 7, W2k8R2

Bietet eine Vielzahl an Optionen zur Arbeit mit CAs, Zertifikaten, Schlüsseln etc. Hier sind die wichtigsten Optionen beschrieben. **certutil -v -?** liefert eine sehr ausführliche Hilfe.

certutil {-encode | -decode | -decodehex} *Eingabedatei Ausgabedatei*

En- bzw. dekodiert *Eingabedatei* von/nach base64 bzw. hex.

certutil -hashfile *Datei*

Berechnet den SHA-1-Hash einer *Datei*.

certutil -deny *RequestID*

Verweigert eine ausstehende Anfrage.

certutil -resubmit *RequestID*

Übermittelt eine ausstehende Anfrage erneut.

certutil -setAttributes *RequestID Attribute*

Setzt die Attribute für eine ausstehende Anfrage. Format: *Name1:Wert1\ nName2:Wert2*.

certutil -revoke *Seriennummern* [*Grund*]

Sperrt die als kommaseparierte Liste angegebenen Zertifikate bzw. hebt eine Sperrung wieder auf, wenn als *Grund* **-1** angegeben wird.

certutil -dump

Gibt Informationen zu einer CA aus.

certutil -CAinfo *Information*

Zeigt bestimmte oder alle (*) *Informationen* zu einer Zertifizierungsstelle an.

certutil -ca.cert *Ausgabedatei*

Zeigt das CA-Zertifikat an und schreibt es in *Ausgabedatei*.

certutil -ca.chain *Ausgabedatei*

Zeigt die CA-Zertifikatskette an und schreibt sie in *Ausgabedatei*.

certutil -getCRL *Ausgabedatei*

Schreibt die Zertifikatssperrliste in *Ausgabedatei*.

certutil -renewCert [*CAComputer\ÜbergeordneteCA*]

Erneuert das CA-Zertifikat bei der übergeordneten Zertifizierungsstelle.

certutil {-schema | -view}

Gibt das Schema oder die Zertifikatansicht einer CA aus.

certutil -backup *Sicherungsverzeichnis* **[incremental]**

Sichert die Zertifikatsdienste in das angegebene Verzeichnis, falls angegeben, inkrementell, ansonsten wird eine Vollsicherung durchgeführt.

certutil -restore *Sicherungsverzeichnis*

Stellt die Zertifikatsdienste aus einer Sicherung wieder her.

certutil -store [*Zertifikatsspeicher*]

Gibt die in einem Zertifikatsspeicher enthaltenen Zertifikate aus. Es können u.a. diverse lokale und per LDAP erreichbare Speicher angesprochen werden.

certutil -addStore *Zertifikatsspeicher Eingabedatei*

Fügt einem *Zertifikatsspeicher* ein Zertifikat oder eine Sperrliste hinzu.

certutil -delStore *Zertifikatsspeicher Eingabedatei*

Löscht ein Zertifikat oder eine Sperrliste aus *Zertifikatsspeicher*.

certutil -dsPublish *Eingabedatei* [*Zertifikatsspeicher*]

Veröffentlicht ein Zertifikat oder eine Sperrliste im AD.

certutil -template

Zeigt die Vorlagen an.

certutil -templateCAs *Vorlage*

Zeigt die CAs für eine Vorlage an.

certutil -machineInfo *Domäne\Computername*$

Zeigt Informationen zu einem Computerkonto an, u.a. Service Principal Names (SPNs).

certutil -DCInfo [Verify | DeleteBad | DeleteAll]

Zeigt Informationen zu Domänencontroller-Zertifikaten an, die optional überprüft (**Verify**) oder gelöscht (**DeleteBad**, **DeleteAll**) werden können.

```
certutil -key
```
Zeigt die installierten Schlüsselcontainer sortiert nach CSPs an.

```
certutil -delKey Schlüsselcontainer
```
Löscht den angegebenen *Schlüsselcontainer*.

```
certutil -dsDel CA-Name
```
Löscht die im AD gespeicherten Daten zu einer CA. Neben dem Deinstallieren der Zertifikatsdienste muss dieser Befehl zum Löschen einer CA
abgesetzt werden, um alle zugehörigen Informationen zu entfernen.

Optionen

-config *CAComputer\CAName*
Legt die zu verwendende Zertifizierungsstelle (CA) fest. Ohne diese
Angabe wird die Standard-CA verwendet.

-f
Überschreibt vorhandene Dateien ohne Nachfrage.

-gmt
Zeigt Uhrzeiten in GMT an.

-privatekey
Auch Daten privater Schlüssel werden angezeigt.

-seconds
Zeigt Uhrzeiten inklusive Sekunden und Millisekunden an.

-user
Spezifiziert einen Benutzer- statt eines Computerzertifikatsspeichers.

-v
Zeigt ausführliche Informationen an.

Die Wiederherstellungsumgebung von Windows 7/Server 2008 R2

Die seit Windows Vista auf Windows PE basierende Wiederherstellungsumgebung (WinRE) enthält unter anderem eine vollwer-
tige Eingabeaufforderung, an der sich viele der in diesem Buch
beschriebenen Befehle nutzen lassen. Zusätzlich können nicht vom
Explorer/Desktop abhängige grafische Programme gestartet wer-

den, wie z.B. Regedit. Mit dem Datei → Öffnen-Dialog beispielsweise von Notepad lässt sich aber ein Dialogfeld verwenden, das
zumindest erlaubt, auf Laufwerksbuchstaben und Ordner direkt
zuzugreifen oder diese anzuzeigen, solange es sich nicht um versteckte Dateien/Ordner handelt und nichts ausgeführt/geöffnet
werden soll. Lediglich wenige spezielle Befehle der Wiederherstellungskonsole der Windows-Vorgängerversionen sind in WinRE
nicht enthalten, können aber folgendermaßen ersetzt werden:

Befehl der Wiederherstellungskonsole	Ersatz unter WinRE
bootcfg	bootrec /ScanOS bootrec /RebuildBcd bcdedit
fixboot	bootrec /FixBoot
fixmbr	bootrec /FixMBR
map	diskpart
logon	Anmeldung nicht erforderlich
systemroot	nicht benötigt
enable disable listsvc	Direktes Ändern der Registrierung mit reg.exe oder regedit.exe

Die Wiederherstellungsumgebung wird durch Anwählen folgender
Optionen beim Booten von der Windows-DVD gestartet: **Sprachaus-
wahl → Computerreparaturoptionen → Weiter → Eingabeaufforderung**. Optional kann die Wiederherstellungsumgebung auch auf
der Festplatte installiert werden. Dazu wird die WinRE-wim-Datei in
das Stammverzeichnis einer Festplattenpartition kopiert und mittels
des Skripts SetAutoFailover.cmd in das Bootmenü eingetragen. Der
Vorgang ist im Detail hier beschrieben: *http://blogs.msdn.com/winre/
archive/2007/01/12/how-to-install-winre-on-the-hard-disk.aspx*. Die
dort beschriebene Methode funktioniert auch mit Windows 7, allerdings ist das erwähnte Skript nur in der alten Windows AIK-Version
1.2 enthalten.

Konstrukte in Batch-Dateien

Die im Folgenden beschriebenen Konstrukte sind in Batch-Dateien nützlich, die durch den Kommandozeileninterpreter **cmd.exe** ausgeführt werden.

:*Marke*

Sprungmarke (Ziel eines **goto**- oder **call**-Befehls).

%*m*

Das Argument mit der Nummer *m* (die Argumente 10 und höher können über den **shift**-Befehl ausgewertet werden).

%~*cm*

Das modifizierte Argument Nummer *m*. *c* kann einen der folgenden Werte annehmen, wenn nur ein Teil des Arguments ausgewertet werden soll:

f:

Vollständiger Pfad.

d:

Nur Laufwerksbuchstabe.

p:

Nur Pfad.

n:

Nur Dateiname.

x:

Nur Dateierweiterung.

s:

Es werden DOS-Namen im 8.3-Format verwendet (kann in Verbindung mit **n** und **x** eingesetzt werden).

$PATH:

Durchsucht die Umgebungsvariable PATH nach dem Argument und gibt die erste Übereinstimmung aus (vollständiger Pfad inklusive Dateiname). Wird keine Übereinstimmung gefunden, wird ein leerer String ausgegeben.

%*

Alle angegebenen Argumente.

%*var*%

Wert der Variablen *var*. Es kann sich dabei um eine Skriptvariable oder eine Umgebungsvariable handeln.

errorlevel

Interne Variable, die den Rückgabewert (Fehler-Code) des letzten Befehls enthält; siehe auch die Beschreibung des **if**-Befehls.

Windows PowerShell

Die PowerShell ist der Nachfolger der früher für Batch-Dateien und Skripten verwendeten Betriebssystemkomponenten **cmd.exe** und Windows Script Host (siehe **cscript** und **wscript**). Sie ist seit Windows 7/Server 2008 R2 im Betriebssystem erthalten, bei älteren Betriebssystemen kann sie von den Microsoft-Servern heruntergeladen und installiert werden.

Die PowerShell basiert auf .NET 2.0 und bietet die volle Funktionalität dieses Frameworks. Leider ist sie dadurch in der Installationsvariante Server Core nicht verfügbar, ebenso nicht unter Windows PE. Sie ist nicht textbasiert wie andere Shells, sondern gibt Objekte über Pipelines (|) von einem Befehl zum anderen weiter. Die Benennung der Befehle (als Cmdlets bezeichnet) folgt dem Schema *Verb-Nomen*, z.B. **get-command** (Auflistung aller Befehle). Die Power-Shell verwendet ein erweiterbares Provider-Modell, um neben dem Dateisystem folgende Datenspeicher als Laufwerk anzusprechen: Registrierung, Zertifikatsspeicher, Umgebungsvariablen, Aliase, Variablen und Funktionen. Mit PowerShell 2.0, die für Windows Server 2008 R2 und Windows 7 schon vorinstalliert ist und für die Betriebssystemversionen ab Windows XP/Server 2003 heruntergeladen werden kann, kommen weitere Möglichkeiten hinzu: Verwaltung von Remotecomputern, Unterstützung von Hintergrundprozessen, ein Provider für Active Directory (das diesbezügliche Modul lässt sich allerdings nur auf Windows Server 2008 R2 und Windows 7 ohne Einschränkungen installieren und einsetzen) sowie ein Editor mit Debuggingfunktionen.

Durch die Objektorientierung können Objekte Auskunft über sich selbst geben und über ihre Fähigkeiten »befragt« werden. Dazu wird der Befehl **get-member** verwendet, der im folgenden Beispiel die Eigenschaften und Methoden eines Prozessobjekts (konkret: des PowerShell-Prozesses) auflistet:

```
get-process powershell | get-member
```

Mächtige Befehle zum Filtern und Sortieren erleichtern die Auswahl der benötigten Daten: **where-object** filtert eine Objektliste, wobei die Variable **$_** stets das aktuelle Objekt der automatisch in einer Schleife durchlaufenen Liste repräsentiert. **sort-object** sortiert eine Liste von Objekten, **select-object** wählt gewünschte Objekteigenschaften zur Weiterverarbeitung aus, **format-table** gibt Daten tabellarisch aus:

```
Get-Process | Where-Object {$_.handlecount -gt 100} |
Sort-Object cpu -desc | Select-Object
processname,path,cpu,workingset | Format-Table -auto
```

In dieser Befehlskette (Pipeline) wird die Liste der laufenden Prozesse ermittelt, auf Prozesse mit mehr als 100 geöffneten Handles gefiltert und absteigend nach CPU-Nutzung sortiert. Dann werden die gewünschten Eigenschaften jedes resultierenden Prozesses angegeben: Name, Pfad, CPU- und Speichernutzung. Schließlich werden die ermittelten Daten tabellarisch formatiert ausgegeben.

Variablen sind in der PowerShell nichts anderes als benannte Objekte. Sie werden mit einem vorangestellten Dollarzeichen gekennzeichnet und können neben üblichen Datentypen wie Zahlen, Zeichenketten, Arrays oder Hashes (Dictionaries) beliebige Objekte wie z. B. Datumsobjekte aufnehmen:

```
[System.DateTime] $date = "05.30.2011 12:03"
$date.Subtract("01.01.2011").days
```

Die Variable *$date* wird im Beispiel auf die Mittagszeit am 30.05. 2011 gesetzt. Der zweite Befehl subtrahiert davon ein früheres Datum und gibt ein TimeSpan-Objekt zurück. Dessen Eigenschaft *days* enthält die Anzahl der Tage, die zwischen den Daten liegen.

Neben Variablen werden Funktionen und die üblichen Kontrollstrukturen (**if**, **switch**, **do while**, **do until**, **for**, **foreach**) unterstützt.

Eine Besonderheit stellen Filter dar, die ähnlich wie der Befehl **where-object** über die Pipeline übergebene Objekte filtern:

```
filter priv {if ($_ -match "^\(X\)\s(\w+)") {$matches[1]}}
$privs=&"whoami.exe" '/priv' | priv
```

Mit obigen Kommandos wird zunächst ein Filter namens *priv* definiert, der mittels eines regulären Ausdrucks gewünschte Teilzeichenketten aus jeder übergebenen Eingabezeile herausfiltert. Anschließend wird die Ausgabe des Befehls **whoami** durch den selbst definierten Filter auf die Namen der aktivierten Privilegien beschränkt, die in der Variablen *$privs* gespeichert werden.

Neben gängigen Operatoren zur Addition, Subtraktion etc. (+ - *
/ %) werden kombinierte Zuweisungsoperatoren (z. B. Addition und anschließend Zuweisung: +=) unterstützt. Vergleiche werden, um Verwechslungen zu vermeiden, nicht durch das Gleichheitszeichen angegeben, sondern durch eigene Operatoren: **-eq** (Gleichheit), **-ne** (Ungleichheit), **-gt** (größer als), **-ge** (größer gleich), **-lt** (kleiner als), **-le** (kleiner gleich).

Die Befehle der PowerShell erscheinen aufgrund der ungewohnten Verb-Nomen-Syntax zunächst fremd. Daher sind eine Reihe von Aliasen vordefiniert, die bekannte Befehlsnamen den PowerShell-Kommandos zuordnen. Damit sind folgende Zeilen möglich:

```
cd HKLM:
dir SOFTWARE
```

Zunächst wird in das »Laufwerk« *HKEY_LOCAL_MACHINE* gewechselt, und anschließend werden die Unterschlüssel von *HKLM\Software* ausgegeben. Eine nach Namen sortierte Liste der vordefinierten Aliase gibt *Get-Alias | Sort-Object Name* aus.

Zum Erlernen der PowerShell ist es hilfreich, anstelle der Eingabeaufforderung die PowerShell-Konsole standardmäßig zu öffnen.

PowerShell-Skripte sind Textdateien, die analog zu Stapelverarbeitungsdateien PowerShell-Befehle beinhalten. Der Unterschied ist die Dateinamenserweiterung, die für ein PowerShell-Skript .PS1 lautet. Die Ausführung von nicht signierten PowerShell-Skripten muss auf jedem PC erst einmal freigegeben werden, da sie standardmäßig aus Sicherheitsgründen deaktiviert ist.

Dies geschieht in der PowerShell-Konsole mit folgendem Befehl:

```
set-executionpolicy Restricted | AllSigned | RemoteSigned |
Unrestricted
```

Hierbei wird mittels RemoteSigned dafür gesorgt, dass nur heruntergeladene Skripte durch einen vertrauenswürdigen Anbieter signiert sein müssen. Damit ist beispielsweise der Entwickler von Skripten in der Lage, diese ohne Signatur lokal auszuführen. Die (unsichere) Alternative zur Ausführung von Skripten, die im Netzwerk gespeichert sind, wäre die Einstellung Unrestricted, was allenfalls zum Testen eine zeitweilige Lösung sein kann. Später sollten die selbst erstellten Skripte signiert werden. In Domänennetzwerken kann diese Einstellung per Gruppenrichtlinie verteilt werden.

Die Stärke der PowerShell kommt vor allem dann zum Tragen, wenn die Möglichkeiten der Stapelverarbeitungsdatei an ihre Grenzen stoßen. So sind komplexere Auswertungen der Ergebnisse von klassischen Befehlen oftmals nicht möglich.

Sollte auf Anhieb kein passender PowerShell-Befehl zu finden sein oder etwas zu komplex werden, kann jederzeit auch auf die klassische Alternative ausgewichen werden. Sowohl invoke-expression als auch der Call-Operator & ermöglichen solch einen direkten Aufruf:

```
invoke-expression "C:\windows\system32\tasklist.exe"
& "C:\windows\system32\tasklist.exe" /SVC
```

Der vollständige Befehlspfad zur ausführbaren Datei sollte mit angegeben werden, um zu vermeiden, dass statt des gewünschten Befehls beispielsweise PowerShell-Aliases greifen.

Hinweis: In Windows Server 2008 R2 können Sie PowerShell-Skripte direkt über die Gruppenrichtlinien beispielsweise als Computerstart- oder Anmeldeskript konfigurieren. Das ist nur für Windows 7-Clients sinnvoll. In Netzwerken mit Windows XP können Sie PowerShell-Skripte mittels einer Batchdatei starten, die ihrerseits als normales Start- oder Anmeldeskript konfiguriert ist.

```
powershell -noprofile "x:\skript\start.ps1"
```

Dieser Befehl in einer Batchdatei ruft das Skript start.ps1 im Pfad x: \skript auf und vermeidet dabei das Laden des lokalen Profils aus Performance-Gründen. Sollte Ihr Skript auf Inhalte des Profils angewiesen sein, lassen Sie den Parameter weg.

Hinweis: Vermeiden Sie, beide Startarten auf dieselbe Organisationseinheit anzuwenden, da es in diesem Fall zu erheblichen Verzögerungen bei der Abarbeitung kommen kann.

LDAP-Suchfilter

Eine Reihe von Tools, vornehmlich solche zur Abfrage des Active Directory, ermöglichen die Verwendung eines Filters, mit dem sich, ähnlich einer WHERE-Anweisung bei SQL, die gewünschten Objekte exakt finden lassen.

Ein Filter besteht aus einzelnen Bedingungen, die jeweils in runde Klammern eingeschlossen und mit den logischen Operatoren & (und), | (oder) bzw. ! (nicht) verknüpft werden:

```
(&(objectClass=user)(sAMAccountName=fmeier))
```

findet den Benutzer mit dem Anmeldenamen fmeier.

Eine Bedingung besteht aus einem Attribut, das mittels eines Operators mit einem Wert verglichen wird. Dabei stehen folgende Operatoren zur Verfügung: = (ist gleich), ~= (ungefähr gleich), <= (kleiner gleich) und >= (größer gleich).

Die Namen der Attribute sind im Schema definiert und können mit einem LDAP-Client, z. B. **ldp**, im Active Directory ermittelt werden.

Bei der Angabe der Werte kann ein Sternchen (*) als Wildcard verwendet werden.

Beispiele

Finde alle Benutzer, deren Nachname *meier* lautet und deren Vorname mit *e* beginnt:

```
(&(objectClass=user)(sn=meier)(givenName=e*))
```

Finde alle Benutzer, die einen Profilpfad eingetragen haben:

```
(&(objectClass=user)(profilePath=*))
```

Finde alle Benutzer, die *keinen* Profilpfad eingetragen haben:

```
(&(objectClass=user)(!(profilePath=*)))
```

Dies gibt jedoch auch Computerobjekte zurück, da diese im Schema von der Klasse Benutzer abgeleitet sind. Eine weitere Bedingung filtert sie aus:

```
(&(objectClass=user)(!(objectClass=computer))(!(profilePath=*)))
```

Windows-GUI – Tipps und Tricks

Verwendung der Maus

Umschalt + linke Maustaste (auf Objekte)
Wählt aufeinanderfolgende Objekte aus.

STRG + linke Maustaste (auf Objekte)
Wählt mehrere, nicht notwendigerweise aufeinanderfolgende Objekte aus.

Rechte Maustaste (auf ein Objekt)
Zeigt das Kontextmenü des Objekts an, inklusive des Punkts **Eigenschaften**.

Umschalt + rechte Maustaste (auf ein Objekt)
Zeigt ab Vista je nach Objekttyp im Kontextmenü zusätzlich die Einträge »Als Pfad kopieren«, »An Startmenü anheften«, »Eingabeaufforderung hier öffnen«, »Zur Schnellstartleiste hinzufügen«.

ALT + Doppelklick (auf ein Objekt)
Öffnet die Registerkarte **Eigenschaften** des Objekts. ALT + ENTER hat denselben Effekt.

STRG + Doppelklick (auf einen Ordner)
Kehrt die Einstellung der Option »Jeden Ordner in einem eigenen Fenster anzeigen« um.

Umschalt + Doppelklick (auf einen Ordner)
Öffnet den Ordner in der Explorer-Ansicht anstelle der normalen Ansicht.

Tastenkombinationen

ALT + Pfeil links/rechts (im [Internet] Explorer)
Navigiert zur letzten/nächsten besuchten Seite.

ALT + Leertaste
Öffnet das Systemmenü des aktiven Fensters, das u.a. die Menüpunkte zum Minimieren, Maximieren und Verschieben enthält. Gerade Letzeres kann nützlich sein, wenn die Bildschirmauflösung beispielsweise eines Netbooks zu klein ist, damit das gerade offene Fenster die entscheidende Schaltfläche zeigen kann.

Backspace (im Explorer)
Eine Verzeichnisebene nach oben

STRG + ESCAPE
Öffnet das Startmenü.

STRG + Tabulator, STRG + Umschalt + Tabulator
»Blättert« Karteikartenreiter in Dialogfeldern vorwärts bzw. rückwärts um.

STRG + Umschalt + ESCAPE
Öffnet den Task-Manager.

STRG + Umschalt + ENTER
Startet das ausgewählte Programm als Administrator.

F1
Öffnet die Hilfe des jeweiligen Programms.

F2 (auf ein ausgewähltes Objekt)
Umbenennen des Objekts.

F3 (im [Internet] Explorer)
Öffnet den Suchassistenten bzw. springt ins Suchfeld.

F4 (im [Internet] Explorer)
> Klappt die Adressleiste auf.

F5
> Aktualisieren.

F6 (im [Internet] Explorer)
> Setzt den Fokus nacheinander auf den nächsten Frame (bzw. das nächste Unterfenster) und schließlich auf die Adressleiste.

F10
> Zeigt die Menüleiste an (das Drücken von ALT hat denselben Effekt).

F11 (im [Internet] Explorer)
> Wechselt zwischen maximierter und normaler Darstellung.

Umschalt + Entfernen (ausgewählte Objekte)
> Löscht unter Umgehung des Papierkorbs. Unter dem Menü **Eigenschaften** des Papierkorbs kann dieses Verhalten dauerhaft eingestellt werden.

Win + D
> Zeigt den Desktop (minimiert alle Programme) bzw. stellt den vorigen Zustand wieder her.

Win + E
> Öffnet den Explorer.

Win + F
> Öffnet den Suchassistenten.

Win + L
> Sperrt den Computer.

Win + M
> Minimiert alle offenen Fenster.

Win + Umschalt + M
> Kehrt eine Win + M-Operation um.

Win + Pause
Öffnet das System-Applet der Systemsteuerung.

Win + R
Öffnet das Dialogfeld **Ausführen**.

Win + U
Öffnet das »Center für erleichterte Bedienung«.

Win + x
Wählt den Gegenstand auf dem Desktop aus, dessen Name mit dem entsprechenden Buchstaben beginnt, falls die Tastenkombination nicht bereits belegt ist.

Windows im WWW

Blogs

Durch die große Zahl an Microsoft-Mitarbeitern und weiteren Bloggern, die oft technisch sehr detaillierte Blogs betreiben, ist dieses Medium ausgezeichnet geeignet, sich in Themen einzuarbeiten und dauerhaft auf dem aktuellen Stand zu bleiben. Im Folgenden finden Sie einige subjektive Empfehlungen.

- Ask the Directory Services Team (*http://blogs.technet.com/askds*)
- Ask the Performance Team (*http://blogs.technet.com/askperf*)
- Group Policy Team Blog (*http://blogs.technet.com/grouppolicy*)
- Mark's Blog (*http://blogs.technet.com/markrussinovich*)
- Terminal Services Team Blog (*http://blogs.msdn.com/ts*)
- File Cabinet Blog (*http://blogs.technet.com/filecab*)
- Windows Server 2008 Blog by Kurt Roggen (*http://trycatch.be/blogs/roggenk*)
- Windows PowerShell Blog (*http://blogs.msdn.com/powershell*)

Informationen und Fehlersuche

- *http://support.microsoft.com* (Microsoft Support und Knowledge Base)
- *http://technet.microsoft.com* (Microsofts Portal für Administratoren)
- *http://msdn.microsoft.com* (Microsofts Portal für Entwickler)
- *http://www.microsoft.com/technet/technetmag* (Microsoft TechNet Magazine)
- *http://www.jsifaq.com* (umfangreiche Windows-FAQ mit mehr als 11.000 Einträgen)
- *http://www.heise.de/ct/faq* (Tipp-Datenbank der c't)
- *http://www.eventid.net* (Erläuterungen zu Fehlermeldungen im Eventlog)
- *http://www.gruppenrichtlinien.de* (Informative Website zu Gruppenrichtlinien)

Softwarearchive

- *http://www.microsoft.com/downloads* (Microsoft Download Center u.a. mit Service Packs und Updates)
- *http://www.microsoft.com/technet/sysinternals* (viele äußerst leistungsfähige Tools primär zur Überwachung und Analyse)
- *http://www.download.com* (Free- und Sharewarearchiv)
- *http://sourceforge.net/softwaremap* (Freie Software)

Index

O'Reillys Taschenbibliothek
kurz & gut

Bash
Karsten Günther, 144 Seiten, 2007, 9,90 €
ISBN 978-3-89721-533-7

Beschreibt die wichtigsten Features der Version 3.2. Die Kompaktreferenz ist in zwei Teile aufgeteilt: Bash im interaktiven Einsatz – oft als Login-Shell – und als Befehlszeileninterpreter.

vi-Editor
Arnold Robbins, 96 Seiten, 2011, 9,90 €
ISBN 978-3-89721-321-0

Die Begeisterung für den vi- und den Vim-Editor ist ungebrochen. Die Texteditoren besitzen jedoch so viele Befehle, dass man sie sich kaum alle merken kann. Arnold Robbins hat die wichtigsten Befehle für vi und Vim – aber auch für Clones wie vile, elvis und nvi – in dieser praktischen Befehlsreferenz zusammengefasst.

LaTeX, 3. Auflage
Kalle Dalheimer & Karsten Günther
136 Seiten, 2008, 8,90 €, ISBN 978-3-89721-542-9

Enthält alle oft verwendeten Befehle und Optionen. Die dritte Auflage wurde umfangreich aktualisiert und ergänzt: Befehle zu Gleitobjekten, PDF-Erzeugung, Befehle zur Erzeugung von Tabellen und Makro-Erzeugung sowie KOMA-Script.

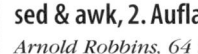

sed & awk, 2. Auflage
Arnold Robbins, 64 Seiten, 2002, 8,- €
ISBN 978-3-89721-246-6

Kompaktes Nachschlagewerk zu den Unix-Tools sed und awk und zur Mustererkennung mit allen notwendigen Informationen, um die Bearbeitung von Textdateien unter Unix zu automatisieren.

Reguläre Ausdrücke, 2. Auflage
Tony Stubblebine, 136 Seiten, 2008, 9,90 €
ISBN 978-3-89721-535-1

Beschreibt detailliert, wie reguläre Ausdrücke von Perl, Java, PHP, Python, JavaScript, C#, .Net, von der C-Bibliothek PCRE, vom vi-Editor und von den Shell-Tools egrep, sed und awk unterstützt werden.

O'Reillys Taschenbibliothek
kurz & gut

Linux
Daniel J. Barrett, 204 Seiten, 2004, 9,90 €
ISBN 978-3-89721-501-6

Eine praktische, anwenderorientierte Kurzreferenz, die auf engstem Raum alle wichtigen Konzepte, Befehle und Optionen vorstellt.

Linux iptables
Gregor N. Purdy, 100 Seiten, 2005, 8,- €
ISBN 978-3-89721-506-1

In *Linux iptables – kurz & gut* findet der Leser eine hilfreiche Orientierung für die komplexe iptables-Syntax und Beispielwerte zur optimalen Sicherung des Systems.

Open VPN
Sven Riedel, 168 Seiten, 2007, 9,90 €
ISBN 978-3-89721-529-0

Fasst kompakt und sachverständig zusammen, wie Sie OpenVPN installieren und konfigurieren, erklärt die Authentifizierungs-mechanismen und verschiedene typische Szenarien sowie wichtige Sicherheitsaspekte.

grep
John Bambenek, Agnieszka Klus, 88 Seiten, 2009, 9,90 €
ISBN 978-3-89721-550-4

Das erste Buch speziell zu grep, dem mächtigen Unix-Hilfsprogramm zur Suche und Filterung definierter Zeichenketten in Dateien. Die Referenz ist ideal für Systemadministratoren, Software-Entwickler und IT-Sicherheits-Profis.

MySQL, 2. Auflage
George Reese & Lars Schulten, 168 Seiten, 2007, 9,90 €
ISBN 978-3-89721-525-2

Vollständig aktualisierte und erweiterte Neuauflage der prak-tischen Schnellreferenz, deckt jetzt MySQL 5 ab. Enthält alle wichtigen von MySQL unterstützten SQL-Befehle, Datentypen, Operatoren und Funktionen.